뉴욕 정신과 의사의
사람 도서관

뉴욕 정신과 의사의 사람 도서관

: 낙인과 혐오를 넘어 이해와 공존으로

나종호 지음

아몬드

머리말

타인의 삶을
이해한다는 것

사는 게 바쁘고 힘들어서 글을 쓸 수 없던 때
가 있었다. 흔히들 글을 '마음의 창'이라고 하는데 나는
그 말에 전적으로 동의한다. 나는 우울할 때는 글을 쓰
지 못한다. 그래서 레지던트 생활과 육아로 한참 힘들던
시기에는 아무리 마음을 다잡아도 글이 써지지 않았다.
그러다가 정신적 여유가 조금 생겼을 레지던트 4년차 무

렵, 힘을 내서 다시 글을 써야겠다고 생각하게 된 사건
이 있었다. 그 해 가을, 가수 겸 배우 설리 씨가 자살로
생을 마감한 것이다. 설리 씨는 사망하기 전에도 자해로
병원 진료를 받았다는 사실이 알려졌기 때문에 자살 고
위험군이라는 생각을 했던 터라 더 안타까웠다. 사망 자
체도 마음이 아팠으나 언론이 그녀의 죽음을 다루는 방
식이 못내 불편했다. 그래서 자살 보도에서 빠지지 않는
'극단적 선택'이라는 표현이 왜 적절치 않은지 글로 정
리해 '브런치'에 올렸다.

   그 이후로 사실 바뀐 건 별로 없다. '자살은 극단적
선택이 아니다'라는 제목으로 '브런치'에 올린 그 글은
지금까지 30만 번 넘게 조회가 되었고 〈정신의학신문〉
에 게재되며 더 많은 사람들에게 공유되었지만, 여전히
언론은 자살을 '극단적 선택'이라고 표현한다. 무력감을
느끼지 않았다면 거짓말일 것이다. 그러나 한 편의 글로
세상이 바뀌리라고 생각한 내가 순진했구나 싶었다. 묵

묵히 내 자리에서 글을 조금씩 쓰자. 내가 할 수 있는 일은 그게 전부였다.

조금씩 구독자 수가 늘고 내 글을 응원하는 댓글을 보며 힘을 내던 어느 날 출판사에서 연락이 왔다. 처음 출간 제의를 받았을 때 나는 정중히 거절했다. 이제 갓 전문의가 된 시점이었고 내공이 부족하단 생각(이 생각은 지금도 변함이 없다) 때문이었다. 마음 한구석에 '내 책을 읽어줄 사람이 있을까?'하는 의문이 들기도 했다. 막상 거절 메일을 보낸 뒤, 생각이 많아졌다.

'내가 책을 낼 깜냥이 되나.'

'내 글이 누군가에게 도움이 되긴 할까.'

생각은 꼬리에 꼬리를 물어 마지막에는 이런 질문에 이르렀다.

'나는 왜 글을 쓰지?'

| / |

여러 이유가 있겠지만 굳이 한 가지만 꼽는다면 나는 내 환자들을 위해 글을 쓴다. 수련 기간 중 내게 가장 많은 가르침을 준 대상은 바로 좁은 진료실에서 내 앞에 앉아 있던 환자들이었다. 어떻게 하면 다른 사람들이 내 환자들을 조금이나마 이해할 수 있을까. 내가 어떻게 해야 사람들이 그들을 편견 없이 바라볼 수 있을까. 조현병, 조울증, 경계성 성격장애, 알코올중독 같은 진단명 뒤에 숨은 그들의 이야기를 접한다면 조금이나마 편견을 걷어낼 수 있지 않을까?

실제로 정신과 환자를 비롯한 사회적 약자와 소수자를 향한 대중의 낙인과 편견을 가장 효과적으로 줄이는 방법은 낙인이나 차별의 대상이 되는 집단 구성원을 직접 만나는 일이다.[1-3] 내가 편견을 가지고 있는 대상이 내 눈앞에서 스스로의 의미 있는 삶을 소개하고 함께 이야기를 나누는 것만으로 사람들은 자기도 모르게 간직하고 있던 편견에서 벗어나게 된다.

그것을 증명하는 실제 사례가 바로 덴마크에서 시작된 '사람 도서관(Human Library)'이다. 다른 도서관처럼 사람들은 이곳에서 무료로 자유롭게 책을 빌리고 일정 시간이 지나면 반납한다. 차이가 있다면 이곳에서는 책이 아닌 '사람'을 대여해준다는 점이다. 소수 인종부터 에이즈 환자, 이민자, 조현병 환자, 노숙자, 트랜스젠더, 실직자 등 다양한 사람이 그들의 값진 시간을 자원한 덕에 이 도서관은 유지된다. 그리고 다른 도서관과 차이점을 한 가지 더 꼽으라면, 대여 기간이 며칠 혹은 몇 주가 아닌 30분가량이라는 것이다.

어느 날 코펜하겐의 무슬림 이민자들이 많은 동네에 사는 한 여성이 사람 도서관을 찾았다. 그녀는 일부러 무슬림 '책'을 '대여'해서 그와 30분간 매우 즐거운 대화를 나눈 후에 이렇게 말했다.

"오늘 만나서 너무 반가웠어요. 그런데 당신 정말 무슬림 맞아요?"

"왜 그렇게 물으시죠?"

"왜냐하면 당신은 내가 알고 있던 무슬림 이미지와 일치하는 부분이 하나도 없거든요!"

타인을 향한 낙인과 편견을 해소하고 공존의 의미를 되새기고자 시작된 사람 도서관 프로젝트는 이제 전 세계 80여 개 나라에서 운영되고 있다. 사람 도서관에서 사람과 사람이 서로를 알아가고 교감하는 과정은 정신과 의사와 환자 사이의 면담과 매우 유사하다. 살면서 나와 매우 다른 세상을 살아가는 사람과 대화할 일이 얼마나 있을까? 나 또한 마찬가지였다. 정신과 의사로 일하기 전까지 나는 트랜스젠더와 심도 깊은 이야기를 나눈 적도, 조현병을 앓는 사람과 그의 일상을 하나부터 열까지 공유했던 적도 없었다.

| / |

    그렇다면 사람 도서관 뒤편의 서고에서는 어떤 일들이 벌어질까? 그곳에서 '책'들은 자신을 대여할 사람을 기다리며 서로 자연스럽게 대화를 나눈다. 트랜스젠더와 조현병 환자가 이야기꽃을 피우고 무슬림과 유대인은 친구가 된다. 그들 또한 도서관 밖에서 자신과 다른 세계를 살아가던 이를 만날 일은 거의 없었을 것이다. 그렇게 그들은 서로의 삶을 알아가고 서로에게 공명한다. 나는 마치 사람 도서관처럼 내 환자들과 다른 사람 사이에 다리를 놓아줄 수 있는 책이라면, 세상에 내놓을 만하지 않을까 하는 생각에 이르렀다.

    그런 의미에서 이 책은 사람 도서관 서고 한 켠의 이야기다. 내가 정신과 의사로 일하며 만난 환자 한 사람 한 사람은 나에게 새로운 '책'과 같았다. 그 책 속의 이야기들은 때로는 감동적이고 자주 슬펐으며 눈물 나도록 아름다웠다. 그들에게 '검은 머리의 이민자 출신 정신과 의사'인 나 또한 처음 만나는 '책'이었으리라 짐작한다. 그 만남들이 차곡차곡 쌓여 정말로 한 권의 책이 되었다.

이 책을 읽은 사람들 머릿속에 '따뜻한 진료실' 풍경이 그려졌으면 좋겠다. 인생이 내 맘 같지 않고 마냥 힘들기만 할 때, 세상에서 나 하나쯤 사라져도 괜찮을 것 같다 싶을 때, 좀처럼 넘어서기 힘든 진료실의 첫 문턱을 넘고 나면 맞은편에 묵묵히 내 이야기를 들어주고 내 편이 되어줄 만한 사람이 기다리고 있을 거라는 사실을 알려주고 싶다. 그 사람은 의사일 수도 있고, 임상심리 전문가일 수도 있으며 상담사나 사회복지사일 수도 있다. 그게 누구든 더 많은 사람이 문턱을 넘어 그들을 만날 용기를 내기를 바란다.

그러나 무엇보다 나는 '따뜻한 진료실'을 넘어 '따뜻한 환자들'을 더 많은 사람에게 소개하고 싶다. 그들을 대신해 그들의 이야기를 들려주고 싶다. 대중 매체는 정

신과 환자의 어두운 면만을 부각시키는 경향이 있다. 정
신과 환자는 정신 질환을 가지지 않은 사람에 비해 범
죄 피해자가 될 가능성이 훨씬 높음에도,[4] 매우 중증의
치료받지 못한, 그중에서도 소수의 위험한 정신과 환자
에 관한 내용만 보도되고 이는 편견을 강화시킨다. 정신
질환과 함께 건강하고 행복한 삶을 사는 사람은 없는 걸
까? 나는 바로 그들의 손을 들어 여기 있다고 보여주고
싶다.

내가 만난 '책'들은 주로 정신 질환을 앓는 환자이지
만, 현재 처한 위치와 상황에 따라 각자가 만날 수 있는
사람 도서관의 '책' 또한 각양각색일 것이다. 이 책을 읽
은 여러분이 일상에서 나와 다른 누군가를 만났을 때 또
는 내 가치관으로 누군가를 이해하기 힘들 때, 그 사람
을 판단하기에 앞서 잠시라도 그의 이야기를 궁금해할
수 있다면 좋겠다.

글에는 힘이 있다. 진심이 담긴 글은 서툴더라도, 명

문이 아니더라도 분명 마음을 움직인다고 믿는다. 부족

하지만 진심을 꾹꾹 눌러 담은 이 책이 단 한 사람의 마

음이라도 움직일 수 있다면 더 바랄 게 없겠다. 다른 사

람의 삶을 완벽하게 이해하는 것은 불가능에 가깝지만,

노력으로 그 간극을 좁힐 수 있음을 알기에.

2 공감에는
노력이 필요하다

3 낙인으로도
무너지지 않는 삶

1

뉴욕에서 만난
사람들

두 사람 사이의
거리

A와 B는 한 날 한 시, 같은 곳에서 태어났다.

A를 처음 본 건 정신 병동에서였다. 뉴욕에서 수련을 받으며 다양한 환자를 만났다고 생각했지만, 그녀를 처음 마주한 날 받았던 충격은 아직도 어제 일처럼 생생하다. 몇 주간 씻지 않은 모습으로 헝클어진 머리를 하고 환자복을 입은 채 차디찬 병원 바닥에 누워서 꼼짝도 하

지 않던 그녀. 수년간 중증 조현병을 앓았던 그녀는 뉴욕
의 수많은 노숙자 중 하나였다. 가족, 직장, 집을 모조리
잃고 병원과 길거리를 오가며 입·퇴원을 반복하다가 마
지막 퇴원 후 얼마 지나지 않아 또다시 뉴욕의 거리를 헤
매며 환청과 대화했고, 이를 본 행인이 신고해 병원으로
급히 이송된 것이었다. 뉴욕에서는 정신적 문제로 자신
이나 타인에게 즉각적인 위협을 가할 듯한 사람*을 신고
하면 경찰이 병원으로 이송한다. 그녀는 내가 여태까지
만났던 모든 조현병 환자 중에서 증상이 가장 심했다.

B는 잘 나가는 변호사였다. 할렘의 가난한 집안에서
태어난 흑인 여성으로 성실하고 똑똑했던 그녀는 집안
에서 유일하게 대학에 진학한 수재였다. 수많은 장벽을
넘어 로스쿨에 합격한 그녀는 졸업 후에는 동기였던 연
인과 단란한 가정을 꾸렸고 이내 한 아이의 엄마가 되

◆ '정서적으로 불안정한 사람(emotionally disturbed person)'으로 칭한다.

었다. 이후에는 뉴욕의 유명 로펌에서 일하며 어린 딸을 성심껏 보살피는 슈퍼 워킹맘으로 승승장구했다. 부의 대물림이 일상화된 미국에서 그녀의 성공 스토리는 '여전히 세상은 노력을 배신하지 않는다'는 것을 증명하는 듯했다.

A와 B가 한 공간에서 마주칠 확률은 얼마나 될까? 잘은 몰라도 둘이 같은 공간에 있을 경우는, 아마 A가 노숙하고 있는 맨해튼의 지저분한 길거리를 말끔한 차림의 B가 바쁜 걸음으로 스쳐 지나가는 정도이지 않을까. 어쩌면 자비로운 B는 바쁘게 지나가면서도 큼지막한 명품 지갑을 열어 A 앞에 놓인 상자에 현금을 조금 안겨줄지도 모르겠다. 그만큼 둘은 같은 맨해튼에 존재하지만 완전히 다른 삶을 살았다. 한 사람은 모든 것을 잃고 정신 병동을 전전하는 중증 조현병 환자로, 다른 한 사람은 성공한 변호사로.

| / |

실은 위의 상황은 실재할 수 없다. 둘은 같은 공간을 동시에 스쳐 지나갈 수 없는 사이다. 왜냐하면 둘은 동일 인물이기 때문이다.

과중한 업무로 초과근무를 하기 일쑤였던 그녀는 아이와 집안일을 돌보느라 퇴근 후 집에서도 편히 쉬지 못했다. 하루하루 바쁘게 살아가던 그녀에게 어느 날부터 '목소리'가 들렸다. 처음에 그녀의 마음을 읽어주던 그 목소리는 점차 그녀를 채찍질하고 책망했다. 그녀는 이대로 있으면 미칠 것 같다는 두려움에 정신과를 찾았다.

약을 먹자 일시적이나마 환청은 나아졌고, 일상생활을 지속할 수 있었다. 하지만 남편은 그녀가 정신과 약을 먹는 것을 탐탁지 않아 했다. 그녀는 약을 끊을 수밖에 없었다. 그렇게 몇 달간 그녀는 준비되지 않은 채로 다시 로펌과 집안에서의 바쁜 일과를 재개했다.

몇 달 후 목소리는 다시 돌아왔다. 그녀의 환청은 이제 타인을 의심하는 피해망상까지 더해져 직장에서 동료들과 잦은 충돌을 낳았다. 결국 그녀는 직장에서 해고되고 말았다.

다시 돌아온 목소리는 한층 더 강렬했고 그녀에게 무서운 이야기도 서슴지 않았다. 급기야 목소리는 그녀에게 이렇게 속삭였다.

'누군가가 네 딸을 해치려고 해. 아이를 지키려면 아이에게 정신과 약을 먹여. 지금 당장.'

그리고 그녀는 이를 실행에 옮겼다.

이 사실을 알게 된 남편은 바로 이혼소송을 진행했고, 그녀는 양육권을 빼앗겼다. 남편 외에는 의지할 가족 하나 없던 그녀는 그렇게 뉴욕의 노숙자가 되었다.

병원에서 그녀는 수수께끼 같은 환자였다. 어떤 항정신병약도 그녀의 조현병 증상을 완화시키지 못했으며, 오히려 증상은 악화되는 것 같았다. 우리가 가장 존경하던, 모르는 게 없어 보이던 입원 병동의 정신과 교수님 마저 이 환자 앞에서는 백기를 들었다. 내과와 신경과 전문의도 진료를 보고, 혈액 검사와 뇌 영상 검사, 척수 검사도 여러 번 했지만, 그녀의 증상을 설명할 만한 그 어떠한 근거도 찾지 못했다. 그녀는 그렇게 병원과 길거리를 오가며 수년을 살았다.

내가 그녀를 처음 봤을 때 그녀는 이미 정상적인 인터뷰를 진행할 수 없는 상태였다. 그녀의 표정은 한없이 굳어 있었고, 언어는 와해되어 있었다. 그녀의 감정을 읽기란 불가능에 가까워보였다. 그녀와 보낸 시간 동안 나는 그녀가 웃는 모습과 우는 모습을 딱 한 번씩 보았다. 딸아이와 함께 한 행복한 기억을 이야기할 때 그녀는 잠시 웃음기를 보였고, 잃어버린 아이에 대해 말할 때 굳은 표정으로 눈물을 흘렸다.

이 이야기가 '정신과에서 마법의 약을 처방했더니 그녀의 증상이 씻은 듯이 나았고, 그녀는 다시 가족과 행복하게 살았다'는 해피엔딩으로 끝난다면 얼마나 좋을까. 애석하게도 이 이야기에는 엔딩이 없다. 어느 순간 그녀는 병원에조차 실려오지 않았기 때문이다.

지금도 새로운 조현병 환자와 면담할 때마다 그녀가 떠오른다. 이어서 어디선가 자라고 있을 그녀의 아이를 생각하게 된다. 정신과 의사가 아닌 한 아이의 아버지로서 내가 할 수 있는 일은 부디 그녀의 아이가 '엄마가 너를 얼마나 사랑했는지' 알아주길 기도하는 것뿐이다. 또 아이가 성인이 되었을 때, '엄마가 했던 실수는 너를 해치려던 것이 아니었음'을 알아주길 간절히 바랄 뿐이다.

뉴욕의 노숙자,
노숙자의 뉴욕

뉴욕을 생각하면 보통 엠파이어스테이트 빌딩이나 브루클린 브릿지, 센트럴파크 같은 유명 관광지가 가장 먼저 떠오를 것이다. 나도 그랬다. 나는 뉴욕이라는 도시와 매우 순식간에 짝사랑에 빠졌다. 학생 때 실습을 와서 맨해튼을 걷는데, 도시가 주는 화려함에 나도 모르게 취했던 기억이 아직도 생생하다.

하지만 정신과 레지던트로서 바라보는 뉴욕은 관광객일 때 보던 것과는 확연히 달랐다. 병원과 지하철을 오가며 보는 풍경은 화려함과는 거리가 멀었다. 뉴욕의 거리에서 가장 흔히 볼 수 있는 존재는 노숙자였다. 뉴욕 인구의 1퍼센트에 해당하는 8만 명이 노숙자다. 거의 매일 밤, 뉴욕의 길거리와 지하철 또는 여러 공공장소에서 약 4천 명이 노숙을 한다. 이외의 노숙 인구는 뉴욕시에서 제공하는 노숙자를 위한 쉼터*에서 생활한다.[5]

뉴욕대학교 레지던트들이 수련을 받는 벨뷰 병원의 환자 중 70퍼센트가 노숙자다. 이는 정신과 환자뿐 아니라 모든 환자를 합쳐 추산한 수치이지만, 경험상 정신과 환자의 경우는 십중팔구 노숙자라고 해도 과언이 아닐 정도다. 노숙자 중 정신과 환자, 특히 중증 정신질환자의 비율은 매우 높다. 몇몇 연구에 의하면, 전체 노숙자

◆ homeless shelter, 노숙자 문제가 심각해지자 시에서 만든 집단 숙소.

수의 약 25~50퍼센트가 정신 질환을 가지고 있다고 한
다.[6] 노숙자 쉼터가 아닌 길거리에서 생활하는 노숙자의
정신 질환 유병률이 90퍼센트가 넘는다는 조사 결과도
있다.[7]

　정신과 응급실 근무를 하던 어느 겨울 날, 한 가족이
응급실을 찾았다. 여섯 살짜리 아이가 심각한 자살 생각
을 호소한다는 이유였는데, 사정을 듣는 동안 안타까움
에 가슴이 먹먹해졌다. 홀어머니와 다섯 명의 이복형제
로 구성된 이 가족은 텐트에서 살고 있었다. 그 전에는
시에서 마련해준 노숙자 쉼터에서 살았으나 상습적으로
마약을 복용하거나 가정 폭력을 일삼던 주변 이웃들과
마찰이 잦았고, 견디다 못한 이들은 결국 시 외곽에 텐
트를 치고 살기로 하고 쉼터를 나왔다. 같은 날, 형제 중
가장 나이가 많은 고등학생 아이도 자살 생각으로 응급
실에 왔다. 두 아이 모두 응급실에 도착한 지 얼마 지나
지 않아 다행히 자살 생각은 가라앉았다. 의학적으로는

퇴원이 가능한 상황이었으나 섣불리 퇴원시키기 어려웠다. 이 아이들을 영하의 추운 날씨에 제대로 된 난방 시설이나 화장실, 씻을 공간조차 없는 텐트로 다시 돌려보내는 것이 과연 옳은 일일까. 환자들이 장사진을 이뤄 비좁을 대로 비좁은 정신과 응급실보다 더 열악한 곳에서 부대끼며 살아야 한다니. 세계에서 가장 부유한 나라인 미국에서 이런 일들이 벌어지고 있다는 것을 믿을 수 없었다.

| / |

30대 후반의 테디는 거의 매달 응급실에 오다시피 하는 단골 환자였다. 그는 언제나 명랑하고 밝은 모습이었는데, 그와 대조적으로 늘 자살 생각을 호소했다. 그는 항상 응급실에서 주는 샌드위치를 두세 개 먹은 후 잠이 들었고 다음 날 아침이 되면 증상이 다 나았다며 퇴

원했다. 물론 그처럼 잠을 자거나 식사를 하기 위해 정신
과 응급실을 찾는 경우야 드문 일은 아니었지만 대부분
은 입원을 요구한다. 정신 병동에 입원하면 조금 더 오래
침대에서 음식 걱정을 하지 않고 지낼 수 있기 때문이다.
반면 테디는 한 번도 입원을 요구하지 않았다. 환자들 중
에 알 수 없는 이유로 호감형인 환자가 있는데 테디가 그
랬다. 절망적인 상황에서도 한없이 낙천적인 그의 태도
는, 꾀병인 것을 알면서도 그를 미워할 수 없게끔 만들곤
했다.

　어느 여름이었다. 테디가 여느 때처럼 응급실을 방
문했는데 이번에는 혼자가 아니었다. 그는 길을 잃은 채
벌벌 떨고 있어서 구해준 아이라며, 아주 작고 귀여운
강아지 한 마리를 데려왔다. 주머니에 들어갈 정도로 작
아서 이름을 '포켓'이라고 지어주었다는 말도 덧붙였다.
테디에겐 포켓이 선물 같았다. 예전에는 지나가던 사람
들이 자기를 보면 도망가거나 피하곤 했는데, 포켓과 함

께 다닌 후부터는 먼저 말을 걸고 다가왔다. 응급실에는
강아지를 데리고 들어올 수 없다는 이야기를 듣고, 그는
처음으로 잠을 청하지 않고 샌드위치를 하나 받은 후 웃
으며 바로 응급실을 나섰다. 그러고는 한동안 찾아오지
않았다.

| / |

그렇게 반년이 지난 어느 겨울 날, 테디가 헐레벌떡
응급실에 나타났다. 평소와 달리 얼굴이 상기되어 있었
고 무언가 다급해보였다. 그러더니 처음으로 자살 생각
이 너무 심해 '내가 무슨 짓을 할지 모르겠다'며 입원시
켜달라는 것 아닌가. 나를 비롯한 응급실 팀은 처음 보는
그의 모습에 당황했고 상황을 매우 심각하게 받아들였
다. '테디가 저러는 걸 보면 확실히 문제가 있는 것이므
로 입원시켜야 한다'부터 '하는 행동이 평소와 다른 데

혹시 약물에 취한 게 아닐까'라는 의견까지 다양한 이야
기가 오갔다. 결국 다들 테디를 걱정하는 마음이 컸기에
그를 입원시키기로 결정했다. 마침 입원 병동에 자리가
있어서 테디는 바로 병동으로 향했다.

　다음 환자를 면담하고 있는데 당직용 전화기가 울렸
다. 잠시 환자에게 양해를 구하고 전화를 받으니 입원
병동 수간호사였다.

　"나 선생님, 방금 올려 보내신 테디 말인데요. 좀 급
하게 와서 봐주실 수 있을까요?"

　바로 가겠다고 답한 후 병동으로 뛰어가는 동안 여러
생각이 오갔다. '혹시 병동에 올라가기도 전에 자해를
시도한 건가?' 걱정을 안고 한달음에 달려가니 테디가
고개를 숙인 채 땅바닥만 바라보고 있었다. 왜 그러냐고
물으려던 찰나, 옆을 쳐다보니 수간호사가 손에 무언가
를 안고 있었다. 자세히 보니 손바닥만 한 검은 강아지
였다. 포켓은 눈을 감은 채 바들바들 떨었고 코는 완전

히 말라 있었다.

테디는 자신도, 포켓도 삼일 전부터 한 끼도 먹지 못했는데 어제부터 갑자기 포켓의 몸에서 열이 나기 시작했다고 말했다. 어디로 가야 할지 몰라서 정신과 응급실에 왔으나 응급실에는 강아지를 데려올 수 없다는 이야기가 떠올랐고, 입원 병동에 가면 몰래 강아지에게 먹을 것을 주면서 생활할 수 있지 않을까 싶었다는 것이었다.

강아지를 데리고 입원하는 것은 규정상 불가능했다. 결국 다시 오랜 팀 회의 끝에 우리는 테디에게 강아지는 입양 센터에 보내고 그는 노숙자 쉼터로 가는 것이 어떻겠냐고 제안했다. 포켓이 안락사당하지 않겠느냐는 테디의 질문에 입양 센터를 잘 아는 동료 레지던트가 '그럴 일은 없다'고 안심시켰다. 테디는 예상 외로 순순히 우리의 조언을 받아들였다. 그는 뉴욕의 추운 겨울로부터 포켓을 지킬 자신이 없다고 했다. 그러고는 우리에게 잠시만 자리를 비켜달라고 부탁했다. 우리가 자리를 뜨자 늘 밝았던 테디는 포켓을 안고 자식을 잃은 엄마처럼 목 놓아 울었다. 굳게 닫힌 문 사이로 새어나오던, 그 깊은 흐느낌을 나는 지금도 잊지 못한다.

그 사람이 떠난 게
믿기지 않아요

여느 때처럼 그는 긴 산발 머리에 야구 모자를 쓴 채 환자 대기실에 앉아 있었다. 내가 그의 이름을 부르자 그는 주섬주섬 옆 자리에 놓아두었던 비닐봉지를 집어 들며 일어났다. 그러곤 무거운 발걸음으로 나를 향해 조금씩 걸어왔다.

젊은 시절 잠시 아편계 진통제에 중독되었으나 수십

년간 약물을 끊고 살아온 이 70대 어르신은 3년 전 다시
아편계 마약류인 헤로인에 손을 댔다. 그가 성심성의껏
간호하던, 40년간 동고동락한 아내가 오랜 지병으로 세
상을 떠난 지 얼마 지나지 않은 때였다.

　만난 지 세 번쯤 되었을까. 나는 처음으로 비닐봉지
에 든 것이 무엇이냐고 물었다. 순간 그의 어두운 얼굴
에 화색이 돌았고 그는 떨리는 손으로 비닐봉지를 열었
다. 그가 조심스레 내민 액자에는 지금 내 앞에 앉아 있
는 환자라고는 믿을 수 없을 정도로 말쑥한 모습의 중년
남성이 아내와 함께 여행지에서 포즈를 취한 사진이 담
겨 있었다.

　"이게 내 아내예요. 아름답죠? 이때가 아마 내 생애
에서 가장 행복했던 순간일 거예요."

　사랑하는 사람을 잃는 일은 형언할 수 없을 만큼 큰
슬픔을 동반한다. 그리고 그로 인해 애도 반응을 보이는
것은 매우 자연스러운 일이다. 과거에 학자들은 애도가

부정-분노-협상-우울-수용 순으로 이어지는 선형적 과정을 거친다고 생각했다. 그러나 이후 많은 연구에서 애도 반응은 순차적이거나 직선적이지 않으며 사람마다 다른 과정으로 이루어진다고 밝혀냈다.

상실을 경험하면 사람들은 대부분 일련의 고통스러운 시간을 보낸 뒤 결국에는 현실을 받아들이고 상실한 대상과 관계를 재정립하며 미래를 긍정적으로 바라볼 수 있게 된다. 이를 '통합된 애도(integrated grief) 단계로 나아간다'고 표현한다.

하지만 일부는 사랑하는 사람의 죽음을 받아들이지 못하고 지속적인 애도 반응을 보인다. 이를 연구자들은 '복합성 애도(complicated grief)' 또는 '지속적 애도 장애(prolonged grief disorder)'라 부른다. '복합성'은 상처가 났을 때 발생하는 '합병증(complication)'에서 온 단어다. 즉 사별을 경험한 후 상실에 적응하는 것을 가로막는 생각, 감정, 행동 들이 마치 상처 치유 과정을 방해하는 합병증과 같다는 데서 연유한 것이다.

애도를 정신 질환으로 봐야 하는지를 두고 전문가들 사이에서도 의견이 분분했다. 하지만 미국정신의학회는 수많은 연구 결과를 검토해, 2022년 발간된《정신 질환 진단 및 통계 메뉴얼 개정판(DSM-5-TR)》에 처음으로 '지속적 애도 장애'를 공식 진단명으로 포함시켰다. 개인 적으로 지속적 애도 장애보다는 복합성 애도라는 명칭 을 선호한다. 사랑하는 사람을 잃는 과정에서 겪는 어려 움에 '장애'라는 이름을 붙이는 게 불편해서다. 하지만 공식 용어로 정해진 만큼 이어질 글에서 '지속적 애도 장 애'라는 표현을 쓰겠다.

지속적 애도 장애를 겪는 사람의 시계는 사랑하는 사 람을 잃은 순간에 멈춰 있다. 늘 망자 생각에 사로잡혀 있고 그가 없는 삶은 더 이상 가치가 없다고 느낀다. 또 한 이들은 오랜 기간(12개월 이상) 강렬한 슬픔과 애도 반응에서 벗어나지 못한다.

사랑하는 딸을 이십 대의 젊은 나이에 암으로 떠나보
낸 한 중년 여성 환자는 5년이 지난 지금도 딸의 방을 정
리하지 못하고 있었다. 그녀는 "아직도 딸의 죽음이 어
제 일어난 일 같아요"라고 말했다. 그런 그녀의 하루 일
과는 딸의 방에 들러서 인사를 하는 것으로 시작했다.

"아침에 눈을 뜨면 딸아이 방으로 가요. 그리고 아이
의 이름을 불러요. 잘 지내니? 엄마는 잘 지내."

그녀는 딸의 임종을 매일 떠올렸다.

연구마다 조금씩 차이는 있지만, 사랑하는 사람을 잃
은 사람 중 약 7~10퍼센트 정도가 지속적 애도 장애를
경험한다.[8, 9] 또 사랑하는 사람이 자살이나 타살로 목숨
을 잃었을 때 경험할 가능성이 조금 더 높다.[10] 이들 중
일부는 정신과나 심리상담센터에서 전문적인 치료를 받
기도 하지만, 많은 경우 치료가 필요한 증상으로 여기지
않고 방치한다.

그렇다면 치료를 받아야 하는지 아닌지를 어떻게 구

분할까. 증상의 심각성에 따라 면밀히 판단해야겠지만 공통적으로, 시간이 지나도 나아지지 않거나(앞선 환자 같이 "아직도 그 사람이 떠난 게 어제 같아요"라고 말하는 경우가 흔한 예다), 사회적 기능이 심각하게 저하 또는 손상되거나(일이 도무지 손에 잡히지 않는다든가, 집 밖으로 거의 나가지 않고 고립되어 있는 경우), 절망감 또는 자살 생각이 든다면 전문적인 치료를 고려해보기를 권한다.

| / |

처음에는 마약 중독 치료에서 시작했으나 할아버지와 나의 상담 내용은 점점 애도 치료로 나아갔다. 우리는 매주 만나 할아버지의 아내에 관해 이야기하고, 그녀의 임종을 복기하고, 이제는 세상에 없는 아내와 관계를 재정립하는 시간을 가졌다. 지난 몇 년간 할아버지는 단 하루도 아내가 임종하는 날을 생각하지 않은 적이 없었

다. 아내는 삶의 마지막 3년 동안 집에 마련해놓은 환자
용 병상에 누워 지냈는데, 임종 당일 아침에 일어나 아
내에게 갔을 때 그녀의 몸은 이미 차가운 상태였다. 할
아버지는 즉시 119에 전화를 했고 구급차가 오는 동안
그녀를 안은 채 하염없이 눈물만 흘렸다.

　'만약 내가 그날 조금 더 일찍 일어나서 빨리 구급차
를 불렀다면 아내가 살 수 있지 않았을까.'

　'구급차가 오는 동안 심폐소생술이라도 했다면 결과
가 달라지지 않았을까.'

　끊임없이 되묻고 자책하며 하루하루를 보내던 그는
떠올리고 싶지 않은 기억들을 잊기 위해 다시 마약에 손
을 댔다. 그 후 사회와 자신을 단절시킨 채 본인의 작은
방에 칩거하며 마약에 의존해 살기 시작했다. 그러던 어
느 날 밤, 꿈에 아내가 나타났다. 아내는 그를 보며 아무
말도 하지 않고 하염없이 눈물을 흘렸다. 구슬피 우는
아내가, 마치 마약에 찌들어 있는 자신을 안타까워하는

것처럼 느껴졌다. 다음 날, 그는 중독 치료를 위해 우리 클리닉을 찾았다. 괴로운 기억들과 마주하는 일은 쉽지 않았지만 그는 계속 치료에 임했다. '아내가 살아있다면 내가 달라지길 바랄 것'이라고 스스로 되뇌면서.

각고의 노력 끝에 그는 마약을 끊을 수 있었다. 마약을 멈추고 애도 치료에 전념하기 시작한 지 2개월 만에, 그는 아내가 세상을 떠난 후 한동안 연락을 끊었던 친구들, 그리고 처가 가족들과 다시 교류하기 시작했다. 아내 생전에 부부가 끔찍이도 아꼈던 처조카들을 3년 만에 만난 저녁 식사 자리에서 아내에 관한 추억을 나누며 즐거운 시간을 보냈다면서 그는 내게 살짝 웃음을 보였다.

흔히 애도를 여행에 비유한다. 훌쩍 떠났다가 어느 정도 시간이 지나 감정이 가라앉고 생각이 정리된 후 제자리로 돌아와서 일상을 영위하는 여행. 하지만 나는 애도란 '완전히 다른 시작'이라고 생각한다. 어떤 것도 그를 잃은 나를, 잃기 전의 나로 돌아가게 만들지는 못한다. 애도는 그렇게 새로운 나를 만나고 고인과 이전과 다른 방식의 관계를 정립하는 과정이다. 비록 사랑하는 사람을 잃었더라도 삶은 살아볼 만한 것이며 세상은 충분히 가치 있음을 알아가는 과정이 바로 애도다. 누군가를 '사랑'하는 마음은 고인을 떠나보내는 순간 '애도'로 탈바꿈한다. 즉 애도는 상실 후 경험하는 사랑의 다른 모습인 것이다.[11]

치료가 끝나가던 무렵, 어느 날부터인가 할아버지는 비닐봉지를 가지고 다니지 않았다. 물어보았더니, 이제 액자를 현관 근처 벽에 걸어 놓았단다.

"내가 다시 세상 밖으로 걸어나가는 모습을 지켜보면 아내가 좋아할 것 같아서요."

기억을 함께 걷는
시간

"모든 정신 질환의 발생 위험성을 가장 많이
높이는 요인 중 하나는 어린 시절에 당한 신체적·정서
적·성적 학대다."

정신과에서 가장 권위 있는 학술지 중 하나인《미국
정신의학회지(American Journal of Psychiatry)》에 최근 발표
된 논문 내용 중 일부다.[12] DSM-5는 외상 후 스트레스

장애(PTSD) 진단이 성립하기 위한 트라우마를 '죽음/심
각한 부상/성폭력 또는 그에 대한 위협을 직접 경험하거
나 타인이 경험하는 일을 목격하는 것, 또는 이러한 사
건이 가까운 가족이나 친구에게 일어났음을 알게 되는
것'으로 정의한다.

　　PTSD 환자는 트라우마 기억을 억압하거나 회피하려
는 경향이 있다. 트라우마에 직면하는 일이 심리적 스트
레스를 유발하기 때문이다. PTSD 환자는 짧게는 수 년,
길게는 수십 년이 넘도록 지난 일을 생생하게 기억한다.
그들에게는 당시 맡았던 냄새, 느꼈던 감정, 머릿속에
오가던 생각이 마치 어제 일처럼 선명하다. 일례로 아프
가니스탄에서 운전 중에 적에게 폭탄 테러 공격을 받았
던 전역 군인 환자를 치료한 적이 있는데, 그는 십여 년
이 지난 지금까지도 운전대를 잡지 못했다. 운전만 하면
본인이 마치 다시 전쟁터에 돌아간 것 같은 기분을 느꼈
기 때문이다. 심장은 미친 듯이 뛰었고 온몸은 땀범벅이

되기 일쑤였다. 이런 증상들 때문에 직업을 구하는 일조 차 쉽지 않았던 그는 결국 외부와의 교류가 끊겨 집에서 고립된 채 생활했다. PTSD는 자연스레 악화됐다.

미국에서 정신과 레지던트 4년 차가 되면 분야를 특 정해 수련할 수 있다. 나는 이 시기에 평소 관심이 있었 던 PTSD 치료를 깊이 공부하기로 마음먹었다.

PTSD를 치료하는 데 효과가 입증된 약물은 많지 않 다. 항우울제를 쓰기도 하지만 보통은 트라우마에 중점 을 둔 심리 치료(trauma focused psychotherapy)를 먼저 시 도한다.[13] 그중 지속적 노출 치료(prolonged exposure)와 인 지 처리 치료(cognitive processing therapy)는 가장 효과적이 라고 알려진 치료법이다.

지속적 노출 치료는 말 그대로 트라우마 기억에 반복 적으로 직면하게 함으로써 PTSD 증상들을 직접적으로 교정하는 치료법이다. 환자는 진료실 안에서 상담자와 트라우마 경험을 계속해서 이야기 나누고 되새긴다. 이

와 같은 반복적인 노출을 통해 환자가 그동안 회피해오
던 트라우마 기억에 심리적으로 점차 익숙해지고 적응
하도록 돕는 것이다. 앞서 전역 군인을 예로 들자면, 이
방법으로 운전대 앞에서 터질 것 같던 심장은 조금씩 천
천히 뛰고 땀도 점차 덜 흘리게 된다.

어렸을 때 부모에게 상습적으로 신체적·정서적·언
어적 학대를 당한 환자, 성폭력을 당한 환자, 이라크나
아프가니스탄에 파병돼 수많은 전우 또는 적군의 죽음
에 지속적으로 노출된 참전군인 환자 등 다양한 환자를
만났다. 처음에 PTSD 환자를 만날 때는 두려움이 컸다.

'이 환자가 충격적인 기억을 끄집어내다가 상태가 악
화되는 것은 아닐까.'

그러나 시간이 흐를수록 내 생각은 달라졌다. 트라우
마를 피하지 않고 매 회기마다 꼬박꼬박 숙제를 해오며
치료에 열중하는 환자들을 보며 일종의 경외심마저 느
꼈다.

| / |

환자가 쏟아낸 학대의 경험들은 치료자인 나에게도 간접적인 트라우마를 안길 만큼 아프게 다가왔다. 그중 가장 힘들었던 케이스는 어릴 적 삼촌에게 당한 학대로 트라우마에 시달리던 20대 청년 알리였다.

중동에서 태어난 알리는 다섯 살이 되던 해에 부모님을 여읜 뒤 몇 년간 할머니와 지내다가 미국에 살던 삼촌에게 입양됐다. 뉴욕에서 명문대를 나온 삼촌은 알리 집안의 자랑이었다. 부푼 마음을 안고 뉴욕에 온 첫날 밤, 알리의 기대와 달리 삼촌은 술에 취한 채 알리에게 욕을 하며 손찌검을 했다. 알리는 그렇게 중학생이 될 때까지 삼촌에게 매일같이 구타를 당했다.

어느 날 학교를 마치고 집에 막 돌아온 알리에게, 여느 때와 같이 술에 취한 삼촌은 '왜 이렇게 늦었냐'며 화를 냈다. 그러고는 알리를 때릴 때 늘 쓰던 야구방망이를

집어들고 다가왔다. 어느덧 삼촌만큼 덩치가 커져 이제
꽤나 힘이 붙은 알리는 호락호락 당하지만은 않았다. 그
는 자신을 내리치려는 삼촌의 방망이를 거세게 잡았다.
둘은 그 자세로 팽팽히 맞섰다. 화가 머리끝까지 난 삼촌
은 방망이를 던져버리고 주방으로 성큼성큼 걸어갔다.
돌아온 그의 손에는 부엌칼이 들려 있었고, 그날 밤 알리
는 스스로를 방어하다가 삼촌의 칼에 자상을 입었다.

　치료자로서 나는 알리와 함께 그의 악몽 같았던 그날
의 기억을 반복해서 걸었다. 알리가 칼에 찔릴 때면 내
가 칼에 찔린 것처럼 마음이 아팠다. 무엇보다 나를 슬
프게 했던 것은 14살 소년 알리의 마음씨였다. 알리는
야구방망이를 잡았을 때, 자신이 취한 삼촌보다 힘이 더
세다는 걸 느꼈다. 하지만 그는 그와 맞서 싸울 생각을
하는 대신 이런 생각을 했다.

　'내가 방망이를 너무 세게 당기면 삼촌이 중심을 잃
고 넘어질 거야.'

자신을 매일같이 학대하고 해치려는 삼촌이 다칠까
봐 걱정했다는 소년의 말을 듣고는, 나도 모르게 눈물이
날 뻔했다. 진료를 마친 후, 트라우마 치료 전문 교수님
에게 지도를 받으며 이 대목을 이야기하다가 나는 교수
님 앞에서 끝내 눈물을 터뜨리고 말았다.

PTSD 환자는 흔히 트라우마를 일으킨 사건의 원인
을 스스로에게 돌리곤 한다. 어릴 때부터 우리는 '착한
사람은 복을 받고 나쁜 사람은 벌을 받는다'는, 실제로
는 현실감이 떨어지는 권선징악의 논리를 교육받는다.
그래서 끔찍한 일이 발생했을 때, 트라우마의 피해자는
'내가 뭔가 잘못해서, 내게 문제가 있어서 벌어진 일'이
라며 사건의 원인을 자신에게 돌린다. 그런 환자가 '그
일은 내 탓이 아님'을 깨닫도록 돕는 과정은 쉽지 않지
만, 매우 보람 있는 일이다. 학대와 트라우마의 기억을
딛고 마침내 두 발로 일어서 자기 삶을 뚜벅뚜벅 이어가
는 환자를 볼 때마다 나는 옛 시의 한 구절처럼 콘크리

트 사이를 뚫고 나와 핀 장미를 떠올렸다.

알리의 치료 과정 역시 쉽지 않았다. 그중 가장 가슴
이 아렸던 순간이 떠오른다. 그에게 어렸을 때 가장 좋
았던 기억이 무엇인지 물은 적이 있다. 과거 이야기를
하면서 언제나 눈물을 보이거나 울분을 토하던 알리는
처음으로 해맑게 웃으며 답했다.

"좋았던 적이 한순간도 없었던 것 같아요. 아니, 기
억이 잘 안 난다는 게 정확한 표현이겠네요. 그런데 딱
한 번 생각나는 장면이 있어요. 삼촌이 목말을 태워줬을
때. 너무 기분이 좋았어요."

한 사람의 생명을
구하는 일

일 년 차 시절, 내과 병동 순환 근무를 할 때
의 일이었다. 신장 이식 수술을 무사히 마친 60대 환자
는 밝게 웃었다. 그는 의료진들에게 자신의 생명을 구해
줘서 고맙다고 했다. 신부전으로 일상생활이 거의 불가
능했던 그에게 새로운 신장은 새로운 삶을 의미했다. 그
자리에는 수술에 관여했던 신장 내과 의사, 외과 의사

뿐 아니라 환자의 주치의였던 나와 내과 레지던트가 있
었는데, 모두 화기애애한 분위기에서 회진을 마쳤다. 사
건은 신장 내과 의사와 외과 의사가 방문을 나선 직후
벌어졌다. 환자의 표정이 갑자기 달라지더니 이렇게 말
했다.

"난 이민자들이 정말 싫다네. 그들이 우리에게 해준
게 뭔가? 다 자기 나라로 돌려보내버려야 해."

조금 전 방문을 나선, 그의 생명을 구해준 의사 둘은
각각 중동과 동남아시아 출신 이민자였다. 내가 시야 밖
에 있었던 건지, 아니면 나는 혐오의 범주에 들지 않았
던 건지, 그도 아니면 그에게 나는 투명한 존재와 같아
서 개의치 않았던 건지는 아직도 알 수 없다. 그는 거기
서 멈추지 않고 꽤 긴 시간 동안 이민자와 유색인종을
향해 거칠게 분노를 쏟아냈다.

그가 불과 5분 전까지만 해도, 누가 보더라도 이민자
가 확실한 유색인종 의사들에게 "생명을 구해줘서 고맙

다"고 말하던 사람과 동일 인물이란 것을 믿을 수 없었다. 그는 아마 자기 앞에 서 있는 백인 레지던트의 아버지 또한 슬로베니아에서 온 이민자라는 사실을 몰랐을 것이다. 아니, 안다 해도 상관없었을 것 같다. 어차피 그에게 중요한 건 이민자라는 신분이 아니라 피부색이었을지도 모른다. 이 일이 있기 전까지 인종차별주의자를 만났을 때, 내가 가장 먼저 느끼는 감정은 화, 분노였다. 하지만 그날 그 병실에서 내가 느꼈던 감정은 깊은 슬픔이었다. 무력감이었다.

　살면서 도대체 어떤 일을 겪었기에 생명을 구해준 이들에게 고맙다는 말조차 진심으로 건네지 못하는 사람이 된 걸까? 생명을 구하는 행동조차 그 사람의 사상을 바꾸지 못한다면 과연 무엇이 바꿀 수 있을까? 그날 이후 병원 안에서든 밖에서든, 인종이나 피부색처럼 내가 바꿀 수 없는 것을 이유로 나를 존중하지 않는 사람을 마주하면, 그 환자의 눈빛이 떠오르곤 했다.

| / |

대형 병원이라는 거대한 방파제도, 내 목에 걸린 의사 자격증이라는 방패도, 예고 없이 나를 급습하는 혐오를 막을 수는 없었다. 응급실에서 근무하던 어느 날에는 마약에 취한 환자가 칭크*라 부르며 갑자기 침대에서 일어나 나에게 다가오는 바람에 황급히 진료실을 나왔는데 다행히 문 옆에서 이를 지켜보던 병원 경찰이 개입해 위기를 모면했다. 그 이후로도 인종차별적인 환자를 드물지 않게 만났다.

그러던 어느 날 인구 대다수가 흑인으로 구성된 브롱스 지역에 있는 정신 건강 클리닉에 일주일간 파견 근무를 가게 되었다. 그곳에서 일하던 동료 지원가** 지미는

---

*   아시아인을 비하하는 속어.
** 본인의 정신 질환 치료 경험을 바탕으로 개인 면담이나 그룹 치료를 통해 다른 환자들을 돕는 사람.

30대 백인 남성으로 온몸에 문신이 가득했고 늘 활기찼다. 문신은 주로 평화를 상징하는 것들이었는데 비둘기를 비롯해 아기 천사라든가, 하트 모양 등 각양각색이었다. 미국에서 온몸을 문신으로 가득 채운 사람은 어렵지 않게 볼 수 있지만, 지미의 문신은 조금 남달랐다. 마치 문신 위에 새로운 문신을 덧댄 느낌이었다.

지미가 진행하던 중독환자 그룹 치료 현장을 몇 번 참관했는데, 경험에서 묻어나오는 그의 매끄러운 진행에 감탄했던 기억이 생생하다. 어느 날 한 참가자가 그의 문신 이야기를 꺼냈다.

"지미, 당신 문신들 정말 멋있어요. 어떻게 그렇게 온몸에 번지는 문신을 하게 되었어요?"

많은 사람이 이에 동조하며 궁금하다고 덧붙였다. 그는 순간 주저하는 것 같았다. 그리곤 이내 길게 한숨을 쉬며 말했다.

"여러분에게 저마다 다양한 사연이 있듯이, 저에게도

어두운 과거가 있어요. 부탁 하나만 할게요. 제가 지금 고백하는 과거로 저를 판단하지 않을 수 있어요?"

사람들은 고개를 끄덕였다. "그럼요." 모두들 입을 모아 답했다. 그 후 그의 입에서 쏟아져 나온 고백은 정말 놀랄 만한 것이었다.

"정말 부끄러운 일이지만, 저는 십대 때 백인 우월주의 사상에 심취해 있었어요. 저도 몰라요, 왜 그랬는지. 그때 너무 내 안에 화가 많았고, 그냥 세상이 미웠어요. 화를 분출하기 위해서였는지 백인 우월주의를 표방하는 인터넷 매체를 탐닉했고, 그 사상들을 그대로 흡수했어요. 그러곤 그 내용들을 제 몸에 새겼어요. 그러다가 약물로 모든 걸 잃고 집에서 쫓겨나 거리에 내몰렸을 때는 이게 다 이민자들 때문인 것 같았고, 그들을 더 지독하게 미워했어요. 한참 심할 때는 다른 인종이 미국을 집어삼키고 있다는 망상에 사로잡혔고, 약물에 취할 때면 그들을 해치라는 환청이 들릴 정도였죠."

| / |

순간 정적이 흘렀다. 모두가 충격에 휩싸인 듯했다. 넉살 좋은 리더로만 보였던 지미의 고백에 당황한 기색이 역력했다. 화난 표정을 짓는 사람도 눈에 띄었다. 지미는 잠시 숨을 고른 후, 고개를 숙인 채 말을 이어갔다.

"그때 이곳 클리닉 팀원들을 만났어요. 뉴욕 길가에서 추위에 떨며 노숙하고 있을 때, 저에게 먹을 것을 주고 제가 지낼 숙소를 구해준 팀원들을요. 당시 팀원들은 제 몸에 새긴 문신을 다 봤어요. 그런데도 제게 한결같이 대해주었어요. 마약을 끊고 정신과 의사 선생님한테 치료를 받으면서 환청과 망상도 점차 나아졌고요."

그의 눈에서 눈물이 떨어졌다. 그는 힘겹게 말을 이어갔다. 환청과 망상이 사라지자 자신의 몸을 가득 메운 문신들이 견딜 수 없을 만큼 부끄러워졌다고. 자신의 몸에 남긴 흔적들이 지난날의 과오를 고스란히 담고 있어

그에겐 용서받지 못할 주홍글씨가 된 것 같았다고.

"그때 이곳 사람들이 말해줬어요. 미움과 혐오는 사랑으로 지우는 거라고. 제 몸에 새긴 혐오의 문신을 사랑과 평화의 문신으로 덮을 수 있을 거라고. 그렇게 클리닉 식구들이 도와줬어요. 제가 문신 위에 새로운 문신을 새기도록요."

그 말을 마친 후 고개를 떨군 채 흐느끼던 지미의 앞에 어느 새, 한 노인이 서 있었다. 자그마한 체구를 지닌, 백발의 흑인 노인은 천천히 몸을 수그렸다. 지미도 이를 눈치채고 고개를 들었다.

그 노인은 한동안 눈물이 가득한 지미의 눈을 응시했다. 그리고 이내, 그는 아무 말 없이 울고 있는 지미를 안아줬다. 다른 환자들도 곁에 다가와 그의 등을 토닥여줬다. 그 장면은 내가 참관한 어떤 그룹 치료보다 치유적이었다.

지미를 추운 겨울 길거리에서 구해준 브롱스 클리닉

직원들은 전원이 유색 인종이었다. 그들이 없었다면 아마 지미는 길거리에서 얼어 죽었거나 계속 마약에 중독된 채로 살았을 것이다. 그들은 지미의 몸에 새겨진 혐오의 문신들을 보고도 그를 사랑으로 품어주었다.

　지미가 진행하던 그룹의 일원들도 마찬가지다. 만약 그들이 지미를 용서해주지 않았다면, 지미가 어떻게 되었을지는 아무도 모를 일이다. 아마 죄책감과 후회로 인해 다시 약물에 손을 댔을지도 모른다. 그 이후로 인종차별주의자를 마주할 때면, 나는 지미를 쳐다보던 그 노인의 눈빛을 떠올리려 노력한다. 또 브롱스 클리닉의 팀원들 그리고 지미를 토닥여주던 주변 환자들이 그의 생명을 구해준 순간을 떠올린다.

소수 인종 아이의
부모로 산다는 것

딸아이의 크레파스 통에는 유독 짧고 뭉뚝
한 크레파스가 두 개 있다. 갈색과 검은색이다. 코로나
로 전업 육아를 시작할 때, 때마침 등장한 디즈니 플러
스 스트리밍 서비스는 고단한 육아 생활의 한줄기 빛이
었다. 아이와 나는, 어지간한 디즈니 영화는 거의 다 섭
렵했다.

〈겨울 왕국〉은 아이가 앉은 채로 두 시간 동안 꼼짝 않고 본 첫 영화다. 한동안 엘사에 푹 빠져 지내던 딸아이에게 우리는 여느 집처럼 (아이의 간곡한 부탁에 못 이겨) 엘사 옷을 선물했다. 물론 그 옷을 입은 딸아이가 내 눈에는 누구보다 예뻐 보였지만 마음 한구석이 마냥 편치만은 않았다. 육아 선배들에게 아이가 디즈니 영화를 본 후, 자기 얼굴을 그리면서 머리카락을 노란색으로 칠했다거나 왜 자기는 금발머리가 아니냐고 물었다는 등의 이야기를 들었기 때문이다.

하지만 그런 걱정은 오래가지 않았다. 아이가 그 다음으로 본 영화 〈모아나〉에 완전히 푹 빠져버렸던 것이다. 〈모아나〉를 본 후 아이는 그리는 그림마다 얼굴을 모조리 갈색으로, 머리를 검은색으로 칠했다. 한창 심할 때는 엘사나 애나, 〈인어공주〉의 아리엘, 〈미녀와 야수〉의 벨도 얼굴을 갈색으로 칠하곤 했다. "피부는 갈색이니까"라고 혼자 중얼거리기도 했다.

　미국에 오려는 사람들이 내게 가장 많이 던지는 질문은 인종차별에 관한 것이다. 병원에서 인종차별을 당하지는 않는지, 아시아인이라고 꺼리는 환자는 없는지. 돌이켜보면 나도 비슷한 고민을 했던 것 같다. 물론 당연히 인종차별은 존재한다. 그나마 학계에는 어느 정도 방파제가 형성되어 있다. 적어도 대놓고 인종차별적 언행을 하는 것은 무례한 행동이라는 분위기가 형성되어 있고, 무엇보다 인종차별적 행동을 했다가는 학교 차원에서 징계를 받을 수도 있기 때문이다. 그에 반해 병원은 정말 다양한 사람들을 만날 수 있는 곳이다. 환자 중에는 당연히 인종차별주의자도 있고 이들로 인해 의료진이 험한 꼴을 당하기도 한다.

| / |

　뉴욕에서 코로나 바이러스가 한창 심각했던 2020년

의 어느 봄 날, 아이와 나는 집 앞을 산책하고 있었다. 그
때 벤치에 앉아 있던 한 노숙자로 보이는 할머니가 인상
쓴 표정으로 아이를 뚫어져라 쳐다보는 것을 느낄 수 있
었다. TV에서 연일 아시아인을 향한 혐오 범죄 사건을
보도하던 때라 나도 모르게 걱정이 됐다. 혹시 우리가
동양인이라서 그런가. 바짝 긴장한 채 곁을 지나가는데
할머니가 딸아이를 보고 활짝 웃으며 말했다.

"아이가 너무 예쁘네요."

순간 할머니에게 미안했다. 상담에서 가장 중요한 자
세는 상대방을 내 잣대로 재단하거나 평가하지 않는 것
이다. 나는 늘 환자를 진심으로 대하면, 환자 또한 나를
진심으로 대한다고 생각했다. 이는 내 삶의 모토이기도
했다. 그러나 나는 그날 할머니를 내 잣대에서 위험하
다고 섣불리 판단했다. 나는 스스로가 자못 부끄러웠다.
내가 할머니를 경계한 이유는 무엇이었을까. 그녀의 표
정 때문이었을까? 아니면 노숙자였기 때문에? 부끄럽지

만 아마 이런 요인들이 복합적으로 작용한 듯싶다.

　미국에서 소수 인종으로 아이를 키우는 일이 걱정되지 않는다면 거짓말일 것이다. 아주 가끔이지만, 인종 갈등이 극심해지고 아시아인을 대상으로 한 혐오 범죄가 증가하는 시기에 괜히 미국에 온 건가 싶을 때도 있다. 언젠가 내 아이도 내가 겪은 이런저런 부정적인 경험을 할지도 모른다고 생각하면 벌써부터 마음이 아프다. 그러나 아이를 위해 할 수 있는 일은, 우선 내가 먼저 다른 사람을 선입견 없이 바라보고자 노력하는 것 아닐까 싶다. 옷차림과 표정 그 너머에 숨어 있는 따뜻함을 알아차리지는 못해도, 적어도 타인을 덮어놓고 먼저 판단하지 않기. 내가 아이에게 해줄 수 있는 최소한의 노력일 것이다.

아몬드 할머니

소설 《아몬드》에는 열여섯 살 소년 윤재가 주인공으로 등장한다. 그는 '아몬드'처럼 생긴 우리 뇌의 측두엽 깊은 곳에 위치한 편도체가 작아서 분노도, 공포도 잘 느끼지 못한다. 사람들은 감정을 느끼지 못하는 그를 '괴물'이라 칭한다.

편도체가 없으면, 정말로 윤재처럼 아무런 감정도 느

끼지 못하고 공감 능력도 떨어질까? 엄밀히 따지자면, 꼭 그렇지만은 않다. 연구 결과들을 종합하면, 편도체가 손상될 경우 다른 사람의 표정에서 감정을 읽는 데 상대적으로 어려움을 겪을 수는 있다고 한다.[14] 그러나 어떤 연구에서는 편도체를 절제한 환자에게서 오히려 과도한 공감 능력(hyper empathy)을 관찰할 수 있었다[15]고 밝히기도 했다. 감정을 인지하는 과정은 편도체에만 의존한다기보다는 매우 복잡한 뇌의 기전에 의해 이루어지는 것이다.

공교롭게도 레지던트로 일하는 동안 윤재와 비슷한 환자를 본 적이 있다. 매우 작은 체구를 가진, 150센티미터가 될까 싶은 60대 후반의 백인 여성이었는데 하루에도 여러 번 발작을 경험할 정도로 간질 증상이 너무 심각해 편도체 절제술을 받은 환자였다. 그녀는 60대 후반이라는 나이가 믿기지 않을 정도로 순수하고 또 천진난만했다. 노년의 환자에게 이런 수식어를 달아드리기가 약

간 죄송하기도 하지만 '귀엽다'라는 표현이 누구보다 어
울리는 분이었다. 그녀의 그런 성격이 편도체가 없어진
것과 연관이 있는지는 알 수가 없었다. 그녀 스스로도 잘
모르겠다고 하니, 혹시나 절제 수술을 한 의사는 알까?
분명한 건, 편도체 절제술을 받은 이후 그녀를 수십 년간
지독하게도 괴롭혀왔던 간질 증상이 사라졌다는 점이다.
그녀는 그것만으로도 충분히 만족한다고 했다.

| / |

　간질 증상이 사라진 것 말고도 편도체가 사라진 후
생긴 또 하나의 중요한 변화는 (예상할 수 있듯이) '겁
을 상실한 점'이었다. 그녀가 맨해튼의 한 호화 콘도 앞
에 잠시 차를 세우고 있던 어느 날이었다. 콘도 건물에
서 나온 도어맨이 창문 밖에서 그녀를 노려보며 문을 세
차게 두드렸다. 그녀가 지팡이를 들고 차에서 내리자 엄

청난 거구의 도어맨이 그녀를 내려다보며 으르렁거리는
말투로 차를 당장 옮기라고 요구했다. 그녀는 주눅이 들
기는커녕 오히려 지팡이를 들어 올려 삿대질을 하며 이
렇게 말했다.

"이놈이 어디다 대고 욕지거리야!"

도어맨의 커다란 주먹이 눈앞에 번쩍하고 날아왔다.
그녀는 그 순간이 마치 영화의 한 장면처럼 아직도 생
생하게 기억난다고 했다. 그것도 슬로모션으로. 그리고
또 한 가지, 그녀는 그 상황이 전혀 두렵지 않았다는 점
도 똑똑히 기억했다. 그래서 피하지 않았고 피할 생각도
없었다는 말에 나는 입이 떡 하고 벌어졌다. 그 일로 그
녀는 응급실 신세를 져야 했고, 눈두덩이에 생긴 커다란
멍 자국은 오랫동안 지워지지 않았다. 물론 그 일은 상
징적인 사건이었을 뿐, 편도체를 절제한 뒤 그녀는 자주
크고 작은 사건을 겪어야 했다.

그녀의 인생은 수술 전과 후로 매우 달라졌지만, 또

누군가는 삶이 더 고달파졌겠다고 생각하겠지만, 그녀 스스로는 수술 후의 자신이 오히려 더 마음에 든다고 했다. 단순히 간질이 사라져 삶의 질이 높아진 것뿐 아니라 '겁을 모르는' 자신이 사랑스럽다고 입버릇처럼 이야기했다.

나는 편도체를 절제하기 전의 그녀를 만나본 적이 없지만 그녀가 사랑스러운 사람이라는 데에는 백퍼센트 동의했다. 공포심을 느낄 수 없게 된 그녀의 성향과 직접적인 상관관계가 있는지는 모르겠지만, 그녀는 누구보다 자신의 감정에 솔직했고 동시에 타인을 배려할 줄 아는 사람이었다.

박찬욱 감독의 영화 〈올드보이〉에는 이런 대사가 나온다. "인간은 상상을 해서 비겁해지는 거"라고. "상상을 하지 않으면 용감해질 수 있다"고. 그녀를 보며 문득 그 대사가 생각이 났다.

마지막 만남에서도 그녀는 쿨했다.

"남들은 정신과 의사들이랑 헤어지는 걸 무서워하더라고요. 난 안 무서워할래요. 왜냐하면 난 겁을 모르는 여자니까요."

그녀는 그렇게 눈물이 고인 눈으로 웃으며 돌아섰다.

2

공감에는
노력이 필요하다

모르지 않을까,
그게 어떤 기분인지

    미국에서 정신과 의사로 첫걸음은 급성 입원 병동에서 시작됐다. 이 병동은 환자와 외부인이 자유롭게 드나들지 못하는 폐쇄 병동으로 조현병이나 조울증 환자뿐 아니라 심각한 우울증이나 불안장애, 성격장애 환자들을 주로 치료하는 곳이다.

    아침 회진은 환자의 주치의인 정신과 레지던트가 인

터뷰를 리드하며 교수와 간호사, 임상 약사, 사회복지사,
의대생으로 구성된 팀이 환자를 한 사람씩 차례차례 만
나는 방식으로 진행된다. 환자와 단둘이 이야기를 나눈
다고 해도 쉽지 않은데 주변에 대여섯 명의 원어민이 지
켜보는 가운데 영어로 면담해야 하다니, 처음엔 생각만
으로도 아찔했다. 너무 긴장돼서 하고 싶은 말이 떠오르
지 않을 때가 많았고, 생각한 것과 정반대의 말이 나오
기도 했다.

| / |

내가 처음으로 주치의를 담당한 환자는 경계성 성격
장애를 앓던 30대 백인 여성이었다. 이 환자는 부부싸움
을 하던 중 분노를 주체하지 못하고 남편의 트럭을 몰고
자신의 집을 향해 전속력으로 돌진했는데, 다행히 큰 부
상은 면했지만 정신과 강제 입원을 피할 순 없었다. 나

와 단둘이 진행한 첫 인터뷰에서 그녀는 너무나 차분하고 협조적이었다. 하지만 병동에 입원한 후 몇 번이나 감정적으로 폭발해서 여러 차례 독방에 격리되곤 했다. 한번은 경비원의 손을 깨물고 침을 뱉기도 했다. 그녀를 만나면 만날수록 내게 적대감을 갖고 있다고 느꼈는데, 이유는 알 수 없었다.

그러던 중, 병동에서 근무하는 마지막 주가 되어서야 이 환자의 본심을 알게 되었다. 여느 때와 같이 아침 회진을 하는데 갑자기 분노에 가득 차서는 미국 정부가 이민자에게만 잘해주고 정작 백인을 무시한다며 인종차별적인 발언을 쏟아내는 것 아닌가. 그녀는 흥분한 목소리로 자기는 소수 인종으로 태어나지 않았다는 이유만으로 이렇게 홀대해도 되느냐고 울분을 토해냈다.

그녀의 바로 앞에 앉아 있던 사람은, 나였다. 대놓고 말은 안 했지만 그녀의 발언은 그 방에 있던 유일한 이민자이자 둘 뿐인 유색인종 중 한 사람이었던 나를 향한 화살임이 분명했다. 경험해본 사람이라면 알겠지만 인종차별적인 발언은 듣는 사람에게 엄청난 상처를 남긴다. 미국에 온 이후로 인종차별을 받는다고 느꼈던 적이 전혀 없었다면 거짓말이겠지만 그래도 직접적인 공격을, 그것도 공개적으로 받은 것은 처음이었다. 정신과 의사이기 이전에 한 사람의 인간으로서 기분이 상했지만, 내 감정은 잠시 묻어두고 인터뷰를 마무리했다.

사실 그보다 더 놀란 것은 그 다음이었는데, 나는 교수님이 이 일에 관해 팀 미팅에서라든가 개인적으로라도 언급이 있을 줄 알았다. 회진을 함께한 교수님은 겉은 냉철해보이지만 속이 깊고 레지던트들을 잘 챙기는 편이었기 때문에 더 기대했는지도 모르겠다. 하지만 평소와 다를 바 없이 회진은 진행되었고 그렇게 하루는 아무 일 없었다는 듯이 마무리됐다.

| / |

그 다음 날, 조금 허탈한 심정으로 하루를 보내던 내게 2년차 레지던트, 마이클이 다가와 말을 걸었다. 워낙 동안이어서 처음에는 의대를 갓 졸업한 줄로만 알았던 이 친구는 알고 보니 십 년간 사회복지사로 일하다가 의사가 된 30대 후반의 늦깎이 레지던트였다. 엄청난 거구였지만 개구쟁이 같은 미소를 날리던 마이클은 미국 병원이 낯설기만 한 이민자 의사인 나에게 버팀목 같은 존재였다. 그는 환자를 보는 방법부터 의무 기록을 작성하는 과정까지 아기에게 걸음마를 가르쳐주듯 세세하게 설명해주었을 뿐 아니라 내가 힘들 때면 어느새 다가와 나를 위로해주곤 했다.

일과를 마치고 단둘이 남게 되자 마이클은 넌지시 "어제 괜찮았느냐"고 물었다. 좀 더 빨리 '그 사건'에 관해 나와 이야기하고 싶었는데 좀처럼 짬이 나지 않았다고, 미안하다는 말을 덧붙이며. 이어서 물었다. "어제 왜 아무도 그 사건에 대해 이야기하지 않은 것 같아?" 마이클은 선배이기 이전에 친구였다. 그래서 내가 느낀 대로 스스럼없이 이야기했다.

"모르지 않을까. 그런 일을 당해본 적이 없을 테니까."

그 교수가 무심하거나 나쁜 사람이어서가 아니라 사람은 자기가 경험한 만큼만 알 수 있다는 확신에서 나온 말이었다. 미국에서 백인 남성으로 태어나 평생 엘리트 코스만 밟은 사람이 인종차별을 경험했을 리 없겠지. 아마 그 교수는 내가 받았을 상처의 깊이를 상상하지 못할 것이다. 마이클은 고개를 끄덕였다.

"레지던트를 하면서 많은 것을 배우겠지만 결국 네가 받아들여야 하는 건 '인간은 완벽하지 않다'는 사실이야. 네 말대로 그 교수는 네가 얼마나 상처를 받았는지 몰랐을 가능성이 커. 설사 안다 해도 어떻게 너를 위로해야 할지 몰랐을 거야. 그걸 이해해야 해. 난 작년에

1년차로 근무하면서 환자한테 니거*란 말을 두 번이나 들었어. 내가 그때 집에 가서 얼마나 울었는지 몰라. 내가 교수였다면 그날 회진이 끝나고 바로 괜찮으냐고 물었겠지. 나는 환자한테 그런 이야기를 듣는 게 얼마나 아픈 경험인지 아니까. 그리고 그렇게 아플 때 누군가 '괜찮아?' 하고 물어봐주면 그게 얼마나 고마운지도. 하지만 나는 그래서 네가 더 좋은 정신과 의사가 될 수 있을 거라 생각해. 너는 다른 사람들이 이해하지 못할, 사회적 약자로서의 환자 마음까지도 이해할 수 있을 테니까."

그날 마이클과 대화를 나누지 않았다면 그 사건은 오래도록 트라우마로 남았을지도 모른다. 하지만 그가 내 이야기를 기꺼이 들어주고 자기 경험을 꺼내 보이며 아픔에 공감해준 덕에 나는 치유받을 수 있었다. 인간 중심 치료의 아버지인 심리학자 칼 로저스는 자기 마음

◆   흑인을 비하하는 속어.

에 진심으로 공감하는 상담자를 만난 사람은 자신의 세계를 완전히 새롭게 바라볼 수 있으며, 이를 원동력 삼아 앞으로 나아갈 힘을 얻는다고 말했다. 마이클과의 대화가 나에겐 그랬다. 1년 후에 나도 마이클처럼 멋진 선배가 될 수 있을까. 어느 새 그는 내가 닮고 싶은 정신과 의사이자 상담자로서 롤모델이 되었다.

| / |

나의 첫 환자와는 정반대의 이유로 나와 쉽게 가까워진 환자도 있었다. 아프리카 이민자의 아들이었던 그는 만성 우울증과 약물중독을 앓았고 원인을 알 수 없는 신체 증상을 토로했다. 그는 병동에서 알아주는 악동으로 다른 환자와 언쟁하거나 병원 의료진과 갈등을 빚는 일이 많았다. 하지만 백인으로 가득한 병동에서 소수 인종이었던 그가 느낄 법한 감정을 나는 조금이나마 짐작할

수 있었다. 아마 그도 주로 백인으로 구성된 의료진 중에서 튈 수밖에 없는 나를 보면서 비슷한 생각을 했을지 모른다.

어느 날 일과가 끝난 시간에 그를 찾아갔다. 그는 이민자 출신이었던 부모님에 관한 이야기와 자신이 당한 인종차별적인 사건을 내게 털어놓았다. 나는 나 또한 이민자이며 그가 겪었을 마음을 조금이나마 짐작한다는 취지로 짧게 이야기를 몇 마디 나눴다.

그날 이후 그의 태도가 사뭇 달라졌다. 내가 함께한 마지막 한 주간 그는 병동에서 하루가 멀다 하고 말썽을 피우던 과거와는 달리, 모범 환자로 뽑혀 주말에 잠시 외출할 기회를 얻었다. 내가 회진 자리에 없던 어느 날인가는 그가 인터뷰를 거부하며 나만이 그를 이해할 수 있고 당신들은 나를 이해할 수 없노라며 팀 전체를 병실에서 쫓아냈다는 이야기를 마이클이 웃으며 전해주었다.

"네가 그 장면을 봤으면 꽤나 자신감이 붙었을 텐데

아쉽네. 하하."

급성 병동 마지막 근무 날 작별 인사를 하러 갔을 때, 그는 아쉬워하는 표정으로 나와 지내면서 편안함을 느꼈고 내가 떠나면 많이 힘들 것 같다고 말했다. 나는 그가 새로운 삶을 살길 진심으로 바란다고 답했다. 퇴원하면 제발 계속 치료에 전념하고 마약에 손대지 말라고 덧붙이며. 그는 자신이 없지만 해보겠다며 웃었다. 나와 공통점이 하나도 없을 것만 같았던 그는 우리 둘 다 인종적 소수자라는 이유 하나만으로 그렇게 나에게 마음을 열었다. 나 또한 나와 비슷한 경험을 나눴다는 이유로 마이클에게 마음을 열 수 있었다. 내 머릿속에는 자연스럽게 이런 질문이 떠올랐다.

'나와 아무런 공통점이 없는 사람에게 공감하는 것이 가능할까?'

평생을 동일한 인종이 대다수인 곳 그리고 사회의 가치관이 상대적으로 덜 다양한 곳에서 살아온 내가 서른

이 넘어 미국에 건너와서 가장 먼저 배운 것은 '놀랐음에도 아무렇지 않은 척하는 법'이었다. 가령 하버드대학교에서 공중보건 석사과정을 밟을 당시 트랜스젠더를 비롯한 모든 성별에게 열려 있는 화장실을 처음 봤을 때라든가, 인턴 환영식에서 남자 교수가 나에게 남편을 소개할 때라든가. 나는 처음 맞이하는 상황들 앞에서 놀라지 않은 척하며 자연스럽게 대처하려 최선을 다했다. 한국에서 늘 '그 친구 혹시 게이 아니야?'라고 수근거리던 문화에 익숙한 나에게, 동료 의사의 커밍아웃은 적잖은 충격이었다.

그러나 한편으로 나는 그들에게 묘한 연대감을 느꼈다. 가령 중년의 백인 게이 교수는 환자의 인종차별적 발언으로 상처받은 내게, 동성애자를 모욕하는 말을 쏟아내던 환자 이야기를 들려주었는데 그때 어렴풋이 '이 사람이 어쩌면 나를 이해할 수도 있겠구나'라고 생각했던 것 같다.

어쩌면 나와 비슷한 배경이나 처지에 있는 사람에게 공감하는 것은 가장 쉬운 단계의 공감일지 모른다. 반면에 나의 첫 환자가 인종차별적인 언어들로 나를 공격할 때에 묵인했던 백인 교수가 나 또는 나에게 마음을 열었던 흑인 환자의 경험을 이해하는 것은 불가능에 가까워 보였다.

마지막 정리를 하고 짐을 챙겨 병동을 나섰다. 큰 소리를 내며 폐쇄 병동의 굳은 철문이 닫히는 순간, 귓가에 내 목소리가 맴도는 것만 같았다.

"그들은 모를 거야. 그게 어떤 기분인지."

누구에게든
일어날 수 있는 일이야

미국에서 정신과 레지던트는 1년 차 기간 중
6개월 동안 내과, 응급의학과, 신경과 등을 순환 근무한
다. 응급의학과에서 환자를 보는 방식은 정신과와는 정
반대다. 환자를 상대적으로 오랫동안 보며 큰 그림을 알
아가는 것이 정신과 진료의 특징이라면, 응급의학과에
선 최대한 짧은 시간 안에 문제를 확인해 국소적이고 직

접적인 조치를 취하는 것이 더 중요하다.

응급실은 그야말로 위급한 사람들이 오는 곳이라 외래 정신과에서 보기 어려운 환자를 만날 수 있다. 심각한 환청이나 망상을 가진 조현병 환자, 조증 삽화로 인해 며칠 밤을 새고 입에 마치 터보 엔진을 단 것처럼 속사포로 말을 내뱉는 환자, 심각한 자살 생각으로 인해 혹은 자살 시도 후에 응급실을 찾은 환자까지. 여러 이유로 응급실에 온 정신과 환자는 응급의학과 의사들에게 환영받는 존재가 아니다. 어떤 응급의학과 교수는 반복해서 병상을 뛰쳐나가려고 했던 한 정신과 환자에게 마치 호랑이 선생님이 학생에게 호통치듯 큰소리로 훈계를 하기도 했다. 환자와 의사의 관계가 상대적으로 수평적인 미국에서 그런 장면은 처음이라 놀랍고 낯설었다.

응급의학과 근무를 일주일 남짓 남겨둔 어느 날, 자살 생각으로 찾아온 환자가 나에게 배정됐다. 컴퓨터 의무 기록에 있는 사진을 살펴보니 어디선가 본 얼굴이었

다. 자세히 살펴보니 불과 두 달 전, 마찬가지로 응급실
에서 내가 진료를 했던 환자였다. 은퇴한 의대 교수였던
그는 심각한 우울증과 알코올중독을 앓고 있었다. 의사
로 근무하는 동안 매우 성공적인 커리어를 쌓았고 운동
을 한 번도 거르지 않았던 건장한 이 60대 환자는, 이전
까지 정신 건강 문제를 경험한 적이 없었다. 그러나 은
퇴 후 운동을 하다가 부상을 입었고, 그토록 즐겨하던
운동을 하지 못하면서 우울 증세를 보이기 시작했다. 그
리고 이내 술로 우울증을 달랬다. 나를 처음 만난 날, 엄
청난 거구의 이 환자는 겁에 질린 아이처럼 바들바들 떨
며 눈물을 흘리고 있었다. 40년 가까이 그의 곁을 지켜
온, 마찬가지로 의사였던 그의 아내는 믿어지지 않을 만
큼 차분한 태도로 지금까지의 상황을 설명해주었다. 그
장면이 워낙 강렬해서 기억에 또렷이 남아 있었다.

　초진을 위해 병실에 들어서자 칠흑 같은 슬픔이 가
득했다. 환자가 느끼는 감정은 공기를 타고 고스란히 정

신과 의사에게 전해진다. 회복을 향한 강한 의지를 품은 환자를 만난 후에는 희망에 부풀어, 절망감에 가득 찬 환자를 만나면 심연의 슬픔을 안고 병실을 나온다. 그래서 환자를 진료할 때 의사가 느끼는 감정은 환자의 현재 감정을 알려주는 나침반이 되기도 한다.

| / |

그는 이 날도 여지없이 몸을 떨며 눈물을 흘리고 있었고 자기 이야기를 스스로 할 수 없을 정도로 불안한 상태였다. 첫 만남 때처럼 옆에서 그의 아내가 그동안의 경과를 나에게 조곤조곤 설명해주었다. 그는 지난번에 응급실을 다녀간 뒤, 정신과 병동에 몇 주간 입원해 치료를 받고 증상이 호전되었다고 했다. 하지만 치료를 마치고 집에 돌아오자마자 아내가 잠시 집을 비운 사이, 불안감을 견디지 못하고 다시 술을 마셨고 이내 심각해

진 자살 생각을 견디지 못해 응급실에 오게 된 것이었다. 병실에서 나온 뒤, 나는 컴퓨터 앞에 앉아 있던 응급의학과 교수와 치프 레지던트에게 문진 결과를 보고했다.

'60대의 전직 의대 교수로 심각한 우울증과 알코올중독 때문에 자살 생각이 심해져 병원에 왔다'는 내용이었다. 교수는 모니터에서 눈을 떼지 않은 채 대수롭지 않다는 듯 대답했다.

"또 알코올중독 환자야? 그럼 우선 디톡스 병동˙으로 보낼까?"

나는 환자 상태를 감안했을 때 정신과 입원이 필요할 것 같다고 이야기했다. 교수는 굳이 그럴 필요가 있을까 하는 눈치였다.

"알았어. 일단 내가 본 뒤에 다시 이야기하죠. 치프, 나랑 같이 가지."

˙ detoxification unit, 약물에 취한 상태에서 벗어날 때까지 중독환자를 임시로 치료하는 병동.

교수와 치프 레지던트는 "역시 의사 일은 오래 하
면 사람 뇌를 망가뜨린다니까요", "난 그래서 일찍 은퇴
할 거야" 등의 농담을 주고받으며 환자가 있는 곳을 향
해 걸어갔다. 그렇게 병실에 들어간 둘은, 한동안 나오
지 않았다. 바쁘게 돌아가는 응급실에서 응급의학과 교
수가 환자에게 30분 이상 시간을 쏟는 장면을 본 건 그
때가 처음이자 마지막이었다. 방을 나서는 강인한 두 여
성의 눈에는 눈물이 그렁그렁했다. 둘은 마치 약속이라
도 한 듯 천천히 걸어와 컴퓨터 앞에 앉더니 한동안 말
을 잇지 못한 채 모니터만 응시했다. 그 광경이 너무 낯
설어서 차마 아무 말도 건네지 못하고 있을 때였다. 눈
물이 가득한 눈으로 응급의학과 교수는 말했다.

"누구에게든 일어날 수 있는 일이야."

둘은 매우 큰 충격을 받은 것 같았다. 아마도 본인들
과 유사한 배경의 성공한 백인 엘리트 의사가 순식간에
우울증과 알코올중독으로 무너지는 모습에 처음으로 정

신 질환이 '남의 일'이 아님을 실감한 것 아닐까. 일반 병실이 아닌 응급실에서 채플린˙ 자문을 요청하는 것도 그날 처음 봤다. 제삼자가 본다면 환자를 진심으로 위하는 그들의 마음이 훈훈해보였을지도 모른다. 하지만 정신과 의사로서 나는 이 모든 과정이 어딘지 모르게 불편했다. 응급의학과 의사들이 다른 정신과 환자를 대할 때와 태도가 너무도 달랐기 때문이다. 근무 교대 시간이 되어 집으로 돌아오는 내내 많은 생각이 머릿속을 맴돌았다.

| / |

'나와 아무런 공통점이 없는 사람에게 공감하는 것이 가능할까?'

˙ chaplain service, 말기 암환자 등을 비롯한 정신적 위안이 필요한 환자에게 종교인을 불러주는 서비스.

딸아이가 태어난 후부터 나는 달라진 나 자신을 보며 흠칫흠칫 놀라곤 한다. 부모가 되기 전의 나에게 소아 환자의 부모는 보이지 않는 존재였다. 하지만 부모가 된 후론 병원에 입원한 소아 환자 곁을 지키는 부모가 보였고 그들의 마음이 얼마나 아플까 하는 생각이 들었다. 병실 복도에서 수술 방을 향해 가는 소아 환자의 이동식 침대 옆을 스쳐 지나가다가 마음이 저릿해지기도 했다. 부모가 되기 전에는 비행기에서 우는 아이를 보면 '계속 울면 비행 내내 시끄러울 텐데 어쩌지' 하며 소음을 걱정하곤 했다. 하지만 아이를 낳아 기르게 된 뒤, 아이가 얼마나 긴장했을지, 그 옆의 부모는 또 얼마나 힘들지를 먼저 생각한다. 장애 또한 마찬가지가 아닐까. 휠체어에 앉아서 생활해보지 않고 장애인들을 온전히 이해할 수 있을까. 노인이 되어 보지 않고 노인들을 향한 사회의 시선에서 느끼는 박탈감을 이해하는 것이 가능할까.

그날 그 병실 안에서 정확히 어떤 대화가 오갔는지

는 알 수 없다. 짐작하건대, 내가 그랬던 것처럼 방을 들
어서자마자 칠흑 같은 슬픔이 엄습했을 것이다. 그리고
그들이 상상하던 것과 너무도 다른 환자의 모습에 충격
을 받았을지도 모른다. 어쩌면 그들은 그의 곁을 지켜주
던 의사 아내에게 더 공감했을 수도 있다. 그래서 그날
의 만남이 그들에게 더 큰 슬픔을 불러일으켰을지도 모
른다.

앞서 이야기했듯, 누구나 자신과 매우 다른 배경의
사람보다는 유사점이 많은 사람에게 공감하기가 더 쉽
다. 공감이란 상대방의 내면 깊은 곳까지, 정확하게 이
해하고자 하는 의지를 필요로 하기 때문이다. 응급의학
과 의사들은 본인들과 여러모로 유사한 배경 때문에 자
연스레 그 환자의 상황을 이해하기가 좀 더 수월했을지
도 모른다. 같은 알코올중독이라도, 노숙하는 환자를 바
라보는 시선('게을러서 자기 관리도 못하고 알코올에 중독
된 거 아니야?')과 의사 출신의 환자가 술로 스스로를 달

래게 된 사연을 바라보는 시선('얼마나 힘들었으면 뒤늦
게 술에 의존하게 되었을까?')은 분명 달랐을 것이다.

　그 간극을 어떻게 하면 좁힐 수 있을까? 알코올중독
을 앓는 노숙자가 병상에 누워있더라도 의사 출신 환자
를 볼 때와 비슷한 크기로 공감하려면 말이다. 이제 막
발을 내디딘 풋내기 정신과 의사에게 그 간극은 한없이
깊고 멀게만 느껴졌다.

그녀의 신발을
신고 걷다

정신과 레지던트 3~4년차 시절, 가장 많은 시간을 함께 보낸 환자는 남미 출신의 40대 초반 여성이었다. 우리는 매주 한 시간씩 만나 심리 치료와 약물 치료를 병행했다. 그녀는 2년 전, 친구를 만나러 가는 길에 불의의 교통사고를 당하는 바람에 다리가 심하게 부러져 병원에 입원해야 했다. 다리 깁스로 한동안 일을 할 수 없게 되자 그녀의 통장 잔고는 갈수록 줄어갔다. 극도의 스트레스에 시달리며 하루하루를 보내던 어느 날, 그녀는 자신도 모르는 사이 다시 찾아온 자살 생각에 겁을 먹고 바로 정신과 외래를 찾았다.

치료 초기에 나는 마치 급한 불을 끄는 소방관이 된 느낌이었다. 그녀가 혼자 있을 때 혹시라도 무슨 일이 생기지 않을까 노심초사했고 외래 때마다 입원 치료를 권해야 하는 건 아닐지 고심했다. 그렇게 점차 치료가 진행되고 자살 생각의 불씨가 잦아들 무렵 비로소 그녀가 어떻게 살아왔는지 이야기를 나눌 수 있었다.

| / |

그녀는 트랜스젠더다. 십 대 때 처음 자신이 여성이라는 것을 깨달았고, 이후 한 번도 이 사실에 의심을 품은 적이 없었다. 부모에게 이 사실을 고백한 날, 그녀는

어머니의 손에 이끌려 정신과를 처음 찾았다. 당연하게
도 자신의 정체성에 관한 그녀의 생각에는 변함이 없었
고 스무 살이 되자마자 성전환 수술을 받았다. 그렇게
그녀는 생물학적인 남자로 산 시간보다 더 긴 시간을 여
성으로 살았다. 아버지는 그녀가 커밍아웃한 뒤 절연해
지병으로 세상을 떠날 때까지 그녀를 만나주지 않았다.

비록 아버지에게 버림받았지만 이후 몇 년간 그녀의
삶은 순조롭게 흘러가는 듯했다. 열심히 공부해 좋은 대
학에 들어갔고 같은 학교에 다니던 남자친구와 미래를
약속하기도 했다. 약혼자는 그녀가 트랜스젠더임을 알
았고 누구보다 그녀를 아끼고 사랑해주었다. 그렇게 행
복한 나날을 보내던 어느 날 그녀에게 청천벽력 같은 일
이 벌어졌다. 약혼자가 돌연 이별을 통보했던 것이다.
시간이 흐른 뒤, 그녀가 트랜스젠더라는 이야기를 들은
그의 어머니가 파혼을 강요했다는 사실을 알게 됐다. 그
이후 그녀는 반복적으로 찾아오는 우울증, 자살 생각과

싸워가며 살았다.

정신과 치료를 받으며 가까스로 대학을 졸업했으나 남성의 주민등록증을 가지고 있는 그녀를 받아주는 회사는 없었다. 아버지가 갑작스레 세상을 떠난 후 가세는 급격히 기울었고 장녀인 그녀는 홀어머니와 나이 어린 동생을 부양해야 했다. 일자리를 구하기 위해 위조된 여성 주민등록증을 얻는 과정에서 본인이 그토록 어렵게 얻은 대학 졸업장까지 포기할 수밖에 없었다(그녀가 떠나온 나라에서는 어릴 때 사망했지만 사망신고를 하지 않은 아동들의 호적을 암시장에서 매매하는 일이 가능했다고 한다). 그녀는 그렇게 완전히 다른 이름의 법적인 여성이 되었고 삶은 갈수록 고단했다. 대학교 졸업은커녕 고등학교 졸업도 증명할 길이 없었기에 최저 시급을 받는 일조차 구하기 어려웠던 것이다.

결국 그녀는 고국을 떠나 아메리칸드림을 꿈꾸며 미국으로 건너왔다. 미국에 와서도 삶은 크게 달라지지 않았다. 낮에는 식당에서 서빙을 하고, 밤에는 콜센터 직원으로 밤낮을 가리지 않고 일했으나 고향의 가족에게 생활비와 동생 학비를 송금하고 나면 수중에 남은 돈으로 간신히 끼니를 해결하기도 벅찼다. 하루하루 버티듯 살아가던 어느 날, 어머니가 큰 병에 걸려서 거액의 수술비가 필요하다는 전화를 받은 그녀는 한사코 외면하던 길에 발을 들여놓았다. 그렇게 그녀는 맨해튼의 매춘부가 되었다.

| / |

언젠가 그녀에게 어떤 미래를 꿈꾸는지 넌지시 물어본 적이 있다. 그녀는 대답했다.

"선생님, 저는 일 년 후에 제가 살아있을지도 장담할 수가 없어요. 생각해보면 십대 때부터 그랬어요. 저는 그렇게 먼 미래를 바라보며 살아본 적이 없어요."

그녀를 치료하는 과정은 때로 감당이 안 될 정도로 힘들었고 자주 스스로 한계를 느끼기도 했다. 내가 처방하는 어떤 약도 그녀의 우울감을 줄여주지 못하는 것 같아 좌절했고 우리가 함께 하는 어떤 심리 치료도 심연의 슬픔을 덜어주지 못한다는 사실이 괴로웠다. 그럴 때마다 정신과 의사로서 내가 그녀를 위해 할 수 있는 최선은 그녀의 이야기를 편견 없이 들어주는 일뿐이라고 되뇌었다.

그녀는 말 그대로 모범 환자였다. 한 번도 치료에 늦거나 빠진 적이 없었고 본인이 겪는 감정과 증상을 성실히 기록해 꼬박꼬박 설명해주곤 했다. 그녀가 증상에 차도가 없음에도 치료 과정에 그토록 열정적인 이유가 무엇인지 의문을 품던 나에게 한 교수님이 이렇게 말씀하셨다.

"그녀가 이 진료실에서 한 발자국 나가면, 자기 이야기를 아무 편견 없이 들어주는 사람을 만날 수 있을까?"

그 말을 들은 나는 스스로 되물었다.

'이 상담실에서 한 발자국 나가면, 나는 그녀를 편견 없이 바라볼 수 있을까.'

나는 반 고흐의 작품 〈신발〉을 좋아한다. '타인의 신발을 신고 걸어보라(Walk a mile in one's shoes)'는 격언을 떠올리게 해서다. 물론 누구도 (모든) 타인의 신발을 신고 걸어볼 순 없다. 그렇기 때문에 이 문구는 나에게 타인의 경험과 관점, 삶을 함부로 재단하지 말라는 자경문과 같다.

| / |

보통 우울증 환자는 과거의 '선택'을 자주 반추한다. 가령 특정한 진로를 선택한 후 일이 잘 풀리지 않았다든가, 어떤 사람을 만나 인생이 불행해졌다고 생각하는 등 다른 선택을 했다면 현재가 달라지지 않았을까 하고 반

복해서 생각하는 것이다. 만성 우울증을 겪어온 그녀 또
한 '그날 친구와 약속을 잡지 않았다면 다리가 부러지지
않았을 텐데', '미국에 오지 않았더라면 더 행복했을 텐
데'라며 지난 삶을 반추하곤 했다.

　그렇다면 그녀는 혹시 그렇게 과거를 되짚고 되짚다
가 모든 불행이 성전환에서 시작된 것이라고 생각하지
는 않았을까? 성전환을 하지 않았다면 명문대 출신의 남
성으로서 쉽게 취직했을 것이고 남들이 부러워하는 순
탄한 삶을 살 수도 있었을 텐데. 트랜스젠더라는 이유로
아버지에게 버림받지도 않았을 테고, 약혼자로부터 파
혼을 당하지도, 어렵게 얻은 대학 졸업장을 잃은 후 성
을 팔며 음지를 전전하지도 않았을 텐데 하고 말이다.
그러나 적어도 나는 그녀가 성전환을 후회한다거나 애
석해하는 모습을 단 한 번도 보지 못했다. 그녀에게 여
성으로 사느냐 남성으로 사느냐는 애초부터 선택의 문
제가 아니었다.

1990년대까지만 해도 미국정신의학회가 발행하는 《정신 질환 진단 및 통계 편람(DSM)》에는 '심리 성적 질환 혹은 성 주체성 장애'라는 진단명이 포함되어 있었다.[16, 17] 트랜스섹슈얼리즘을 치료가 필요한 정신 '질환'으로 여긴 것이다. 21세기가 되어서야 DSM의 다섯 번째 개정판 (DSM-5)에서 이를 '성별 위화감'이라는 명칭으로 바꿔 표기했다.[16] '성별 위화감'은 본인의 '생물학적인 성'과 '성 정체성'의 불일치로 인해 나타나는 스트레스가 일상생활에 지장을 주는 '현상'을 의미한다. 이는 트랜스섹슈얼리즘 그 자체가 질환은 아님을 명확하게 규정한 표현이라는 데서 의의가 크다.[16]

이쯤 되면 DSM-5에서 성별 위화감이라는 진단 기준 자체를 아예 삭제하는 편이 낫지 않을까 생각하는 사람도 있을 것이다. 그러나 그게 꼭 그렇지 않은 이유는, DSM-5에 '성별 위화감'을 명시하는 것이 이로 인해 힘들어 하는 사람들의 의료 접근권을 보장하는 일이기 때

문이다.[17]

　　레지던트 졸업과 함께 나는 그녀와의 동행을 마무리
했다. 그녀와 오래도록 함께 했고 그녀를 편견 없이 바
라보고자 부단히 노력했음에도, 많은 시간이 지난 지금
도 그리고 더 긴 세월이 흐른 후에도 나는 그녀의 삶을
완전히 이해할 수는 없을 것이다. 다만 가끔 그녀를 떠
올리며 그녀가 행복하기를 간절히 바랄 뿐이다.

공감과 동정,
그 사이 어딘가

삭막한 벨뷰 병원 정신과 응급실에 몇 달에
한 번씩 정기적으로 찾아오는 한 중년의 백인 여성이 있
었다. 노숙자로 가득한 벨뷰 병원에서 그녀의 존재는 늘
눈에 띄었는데 말끔한 옷차림 때문만은 아니었다. 그녀
옆에는 늘 180센티미터 가량 되는 커다란 체구의 십대
소년이 함께 있었다. 그 소년은 높은 톤의 목소리로 혼

잣말을 하곤 했다.

"선생님, 제이콥이 또 환청을 들었대요. 그 목소리가
아이에게 뭘 시켰나 봐요. 그런데 저한테 자세한 이야기
를 안 해요."

그녀가 처음 벨뷰 병원 정신과 응급실을 찾은 것은
2년 전쯤이었는데 그 당시에도 제이콥이 갑자기 환청을
듣는다며 도움을 청했다. 제이콥은 미성년자였으나 빠
른 발육 때문에 소아 병동 대신 성인 정신 병동에 입원
했고, 정신과 전문의들에게 환청을 듣는다고 볼 만한 근
거가 없다는 소견을 받았다. 그렇게 약물 치료 없이 며
칠을 보내다 퇴원했다.

그 후로도 제이콥은 서너 달에 한 번씩 어머니의 손
에 이끌려 벨뷰 병원 정신과 응급실을 찾았다. 이유는
한결같았다. '아들이 환청을 듣는 것 같다. 병원에 입원
을 했으면 좋겠다.' 이 어머니는 어느덧 벨뷰 병원 정신
과 의사들에게 친숙한 보호자가 되어 있었다.

응급실 진료를 마친 후 제이콥은 늘 성인 정신 병동에 입원했고, 그곳에서 별다른 치료 없이 이삼일 정도 머문 후 퇴원하기를 반복했다. 제이콥은 중증 자폐증 환자였다. 자폐증은 스펙트럼이 넓어서 아주 경미한 수준의 환자는 별 문제없이 생활할 수 있는가 하면, 중증의 자폐를 가진 경우 일상생활이 매우 힘든 경우도 있다.

제이콥을 진료한 정신과 의사들의 소견은 조금씩 달랐지만 정신 병동에 입원할 상황이 아니라는 것에는 모두 동의했다. 그럼에도 제이콥을 병원에 입원시킨 이유는 어머니의 심정을 다들 어느 정도는 동정 혹은 연민했기 때문이다. 공개적으로 말하진 않았지만 하루 벌어 하루를 견디는 뉴욕의 싱글맘으로서 그녀가 받을 스트레스가 얼마나 심할지 누구나 짐작할 수 있었다. 아마 '오죽하면 그럴까'라는 생각이었을 것이다. 자폐증에 획기적인 치료제는 없다. 어쩌면 의사로서 힘들어 하는 보호자에게 도움이 되지 못하는 무력감도 제이콥의 입원에

영향을 미쳤을지 모른다.

제이콥의 어머니는 응급실을 찾을 때마다 무척 지쳐 있었다. 벼랑 끝에 선 수척한 모습으로 병원을 찾아온 그녀는 그 짧은 입원 기간 동안에도 매일같이 일을 마치고 먹을 것을 사서 아들이 입원한 병동을 방문했다. 퇴원할 때에는 그나마 조금은 재충전을 한 모습으로 제이콥을 데리러 왔다.

| / |

레지던트 2년차 당시 벨뷰 병원 입원 병동에서 일하는 동안, 나는 두 명의 교수님과 각기 다른 입원 과정에서 제이콥의 주치의를 맡았다. 첫 번째 교수님은 두 아이의 엄마였다. 그녀는 제이콥이 입원할 때마다 한숨을 푹푹 내쉬곤 했다.

"내가 응급실 사람들한테 제발 입원시키지 말라고

그렇게 말했는데. 이것 봐. 예전에는 서너 달에 한 번씩 입원하던 게 이번엔 두 달밖에 안 됐어. 우리가 어머니의 잘못된 행동을 용인함으로써 오히려 병원에 오는 걸 부추기고 있는 거라고.”

그녀는 제이콥과 따로 이야기한 적이 없었다. 주치의인 내가 면담 후 보고하면 늘 제이콥을 퇴원시킬 생각부터 하곤 했다.

“거봐. 그치? 환청은 없는 거라고. 약을 쓸 필요도 없어. 내일 당장 퇴원 준비시키자.”

그녀는 제이콥 어머니의 심정은 이해한다고 했다. 자기도 아이를 키워봤기 때문에 얼마나 힘들지 상상이 간다고 말했다. 그렇지만 정신과 의사로서 동정심만으로 환자의 입원을 결정해서는 안 된다고 덧붙였다. 그 말을 들었을 때 객관적으로 틀린 말은 아니라는 생각을 했던 것 같다.

벨뷰 병원 급성 정신 병동 근무 마지막 주에 제이콥

이 또다시 입원했다. 이번에는 다른 교수님과 제이콥의 치료를 맡게 되었다. 많은 레지던트에게 존경을 받던 그는 공개적으로 동성애자임을 밝힌 남자 교수였다.

그가 제이콥의 치료를 맡은 것은 이번이 처음이었다. 하지만 제이콥은 우리 병동에서 유명한 환자였기 때문에 그간의 상황을 익히 알고 있었다. 그는 제이콥이 입원하자마자 내게 가족 미팅을 잡으라고 지시했다. 내가 제이콥 어머니에게 전화해 물으니 일이 끝나려면 5시는 넘어야 할 것 같다고 답했다. 퇴근 시간이었지만 교수님은 흔쾌히 시간을 맞춰줬다.

가족 미팅 날, 제이콥 어머니가 조금 긴장한 모습으로 병동에 들어섰다. 막 일을 마치고 와서인지 조금 피곤해보이기도 했다. 보통 가족 미팅은 주치의인 레지던트가 진행하고 교수님은 지켜보는 역할을 한다. 나는 어머니에게 제이콥이 병원에서 어떻게 지냈는지, 치료 방식에 어떤 변화가 있었는지를 간단하게 설명한 뒤 잠시

숨을 골랐다. 실은 회의 시작 전부터 내 머릿속을 계속 맴돌던 멘트가 있었는데 해도 괜찮을지 고민이 됐다.

'저도 집에 한 살짜리 아이가 있어요. 그래서 어머니가 얼마나 힘드실지 조금이나마 짐작할 수 있어요.'

내가 그렇게 말하는 것이 제이콥 어머니에게 도움이 될지 아니면 해가 될지 판단이 서지 않았다는 것이 솔직한 표현일 것 같다. 내 진행이 답답해서였을까. 가만히 지켜보고만 있던 교수님이 처음으로 입을 열었다.

"어머니, 저는 아이가 없어요. 남편과 함께 아이를 입양할까도 생각한 적이 있지만, 용기가 부족해서 그러지 못했어요. 그래서 애를 키워본 적이 없기 때문에 어머니가 어떤 심정일지 사실 잘 몰라요. 그렇지만 듣고 싶어요. 배우고 싶어요. 제이콥을 어떻게 키우셨는지, 들려주시겠어요?"

| / |

순간 정적이 흘렀다. 예상치 못한 질문에 어머니는 당황한 듯했다. 아니 적어도 나는 무척이나 당황했다.

"처음이에요, 저에게 그렇게 물어봐주신 의사 선생님은. 이야기가 좀 길어질 것 같은데…."

그녀는 지난 삶을 고스란히 들려주었다. 제이콥이 처음 세상에 태어났을 때 느낀 환호와 기쁨을. 내 아이가 다른 아이들과는 조금 다르구나 하고 생각하게 된 계기를. 제이콥이 자폐증을 진단받은 뒤 떠난 남편 이야기와 하루하루 겨우 끼니를 해결하며 자폐증 아들을 키우는 삶의 고단함을. 감정이 격해지고 눈물이 쏟아질 법한 슬픈 이야기였는데 그녀는 너무나 차분하게 말을 이어갔다. 정작 눈물이 나려고 하려는 쪽은 나였다.

교수님은 계속해서 면담을 이어갔고 두 사람은 대화에 몰입했다. 그는 노련한 정신과 의사답게 앞에 앉은 어머니의 현재 상황이 어떤지도 물어봤다. 한 시간 가까이 지났을 때, 그가 말했다.

"오늘 바쁜데 시간 내주셔서 정말 감사합니다, 어머니. 오늘 이야기를 들은 덕에 제이콥이 어떤 친구인지 더 많이 알게 된 것 같아요. 내일모레쯤 제이콥이 퇴원할 수 있을 것 같아요. 혹시 제가 한 가지 주제넘는 조언을 해드려도 될까요?"

어머니는 그러시라고 답했다. 그는 주섬주섬 주머니에서 무언가를 꺼내 그녀에게 건넸다. 자폐증 부모 모임에 관한 정보지였다. 이어서 명함을 하나 건네면서 연락해보시라는 말과 함께 벨뷰 외래 클리닉을 추천한다고도 덧붙였다. 어머니는 끝내 울지 않았다. 고맙다고 짧게 말한 후 방을 나섰다. 뒤도 돌아보지 않았다.

그때까지 나는 '사람은 경험한 만큼만 공감할 수 있다'고 굳게 믿고 있었다. 급성 병동에서 날 미워하던 첫 입원 환자는 나와 유사한 경험을 한 적이 없기 때문에

나를 이해할 수 없는 거라고, 우리는 서로 평행선을 그
릴 수밖에 없는 거라고 생각했다. 나에게 마음을 쉽게
열어준 소수 인종 환자는 나와 비슷한 경험을 했기 때문
에 그가 나를, 내가 그를 이해할 수 있는 거라 여겼다. 이
런 편견은 응급실 근무 때 선택적 공감을 하던 응급의
학과 의사들을 보며 더 굳어졌다. 하지만 그날의 면담을
보며, 나는 공감이라는 것이 나의 경험치와 무관할 수도
있음을 깨달았다.

| / |

영문으로 동정(sympathy)과 공감(empathy)은 매우 유
사해보이지만 어원을 거슬러 올라가면 큰 차이가 있다.
동정은 그리스어인 'sun('함께'라는 뜻)'과 'pathos(감
정)'를 합친 데서 연유한다. 즉 동정은 어떤 사람의 바깥
에서 그의 고통을 함께 느끼고 이해하는 것이다. 반면에

공감은 그리스어의 'em('안'이라는 뜻)'과 'pathos'를 합친 말에서 왔다. 타인의 감정을 그의 안에 들어가서, 마치 그 사람의 거죽을 입고 느끼듯이 이해하는 것이다.

동정심은 고통을 겪고 있는 주체의 아픔을 이해하는 것처럼 보이지만, 동시에 철저히 타자화한다. 고통을 겪는 사람을 연민하지만 그 아픔에 개입하지는 않는다. 따라서 동정심은 나와 고통을 느끼는 주체 사이의 관계를 단절시킨다. 반면, 공감은 고통을 겪는 사람의 입장에서 세상을 바라보고 생각하는 것이다.[18] 그 사람의 신발을 신고 걸어본 사람은 타인의 고통을 몸소 체험하고 느낌으로써 비로소 그 고통의 의미를 온전히 이해하고 덜어낼 수 있다. 진심 어린 공감은 타인의 고통을 실제로 덜어준다. 심리 치료에서 가장 큰 치료 효과를 보이는 요인이 바로 치료자의 공감 능력이다.[19]

제이콥의 치료를 담당했던 첫 번째 교수님은 제이콥 어머니에게 동정심을 느꼈다. 그녀는 어머니가 딱하다고 생각했고 아이를 키워본 엄마로서 그녀의 고통을 이해했다. 두 번째 교수님은 본인의 경험과 무관하게 제이콥 어머니의 경험을 듣고 싶어 했다. 그는 아이를 키워본 적이 없었지만 그녀의 이야기를 진심으로 궁금해했고 적극적으로 들어주며 그녀에게 공감했다. 그녀의 신발을 신고 걷기 위해 노력한 것이다. 그날 처음 깨달았다. 경험하지 않아도, 공감할 수 있음을.

내가 제이콥 어머니를 바라보던 시선은 동정이었을까, 공감이었을까. 잘은 몰라도 아마 '그 둘 사이 어딘가'가 정확한 답이지 않을까.

그날 이후 제이콥은 내가 졸업하는 날까지 벨뷰 병원 정신과 응급실에 오지 않았다. 우리는 모두 제이콥 어머니에게 휴식이 필요하다고 착각했지만 정말 필요했던 건 진심으로 공감해줄 단 한 사람의 마음이었던 듯싶다.

공감을 넘어
고통의 나눔으로

1970년대의 어느 날, 뉴욕의 한 변호사 사무실에 스티븐이라는 이름의 젊은 20대 남자가 문을 열고 들어왔다. 자그마한 체구의 여성 변호사 앞에 앉은 그는 조심스레 말을 꺼냈다.

"몇 달 전 아내가 아들을 출산했어요. 저와 아내 모두 기다려오던 아이였죠."

이어서 그는 슬픈 표정으로 말했다.

"그런데 아내는 출산 중에 색전증*으로 사망했어요."

갑작스럽게 주 양육자가 된 스티븐은 어린 아들을 돌보기 위해 근무시간을 줄일 수밖에 없었다. 파트타임으로 일하며 아들과 시간을 함께 보내기로 결심한 그에게 자연스럽게 경제적인 부담이 따라왔다. 스티븐의 아내는 교사였는데, 생전에 스티븐보다 높은 연봉을 받고 있었다. 그의 머릿속에 불현듯 아내가 사망하기 전 7년간 연금을 최대한으로 붓고 있었다는 사실이 떠올랐다. 그는 남편을 잃은 여성에게 주어지는 사회보장제도가 있음을 알게 되었고, 이에 지원했다. 하지만 그에게 돌아온 것은 '아내를 잃은 남성에게는 본 사회보장제도가 적용되지 않는다'는 통보였다.

그의 건너편에 앉아 있던 변호사와 미국 시민자유연

✦　혈전이 혈류를 이동하다가 동맥을 막는 것.

맹*은 힘을 모아 스티븐을 비롯해 그와 유사한 처지의 아내를 잃은 남성들의 권리를 위해 싸웠고, 대법원은 결국 스티븐의 손을 들어줬다. 그 당시 대법관 중 가장 보수적인 사람도 그의 편을 들어줬는데 그가 찬성한 논거는 '엄마를 잃은 아이도 아빠를 잃은 아이와 똑같은 경제적 혜택을 누릴 권리가 있다'는 것이었다.

|／|

앞선 판결을 이끌어낸 변호사는 루스 베이더 긴스버그 대법관이다. 2020년 87세의 나이로 세상을 떠난 긴스버그가 하버드대학교 로스쿨 학생이었을 당시, 전체 학생 550명 중 여성은 아홉 명에 불과했다. 그녀는 로스쿨 선배였던 남편이 졸업 후 뉴욕에 직장을 구하자 컬럼비

◆ ACLU, 미국의 대표적인 진보적 비영리단체.

아대학교 로스쿨로 학교를 옮겼고, 1년 후 전체 수석으로 졸업했다. 미국 최고의 로스쿨 중 한 곳의 수석 졸업생임에도 그녀는 로펌 입사를 번번이 거절당했다. 여성 변호사 채용을 공개적으로 거부할 정도로 성차별이 만연한 시절이었다.

로펌 취직이 불발된 후 그녀는 학계로 방향을 돌려 법학자, 인권 변호사, 법관을 거쳐 미국의 역대 두 번째 여성 대법관이 되었다. 그녀는 여성 인권 신장에 기여한 것으로 널리 알려져 있지만, 앞서 스티븐의 일화에서도 볼 수 있듯이 그녀가 추구하는 평등은 남녀 모두에게 똑같이 적용됐다. 다시 말하면, 그녀는 여성의 권리를 위해 투쟁했고 동시에 어느 누구도 성별 고정관념 때문에 차별받지 않도록 맞서 싸웠다.

흔히 여성을 차별하는 일은 여성에게만 좋지 않은 영향을 미친다고 생각하기 쉽다. 하지만 실제로는 앞선 사례처럼 모두에게 부정적인 영향을 끼친다. 여성을 차별하는 일이 남성에게, 남성을 차별하는 일이 여성에게 도 미노처럼 악영향을 미치는 것이다. 미국 명문 로스쿨을 수석으로 졸업하고도 직장을 구하지 못한 딸의 아버지 는 어릴 때 아이에게 "넌 무엇이든 할 수 있어"라고 격 려하며 응원했던 자신이 원망스러웠을지도 모른다.

정신역동이론 중 '분열'이라는 방어기제는 세상을 흑 백으로 나누어 생각하게 만든다. 인지심리학에서는 이 를 흑백 논리 또는 이분법적 논리라고 부른다. 이분법은 복잡한 상황을 쉽고 간단하게 정리하기에 매혹적이다. 그러나 정리 이외의 다른 역할은 없다. 우리 아니면 남, 내 편 아니면 적, 모 아니면 도라는 생각 속에 중간 지대 나 공생, 상생은 없다. 나와 다른 사람을 배척하고, 상대 방의 권리를 찾는 것이 곧 내 권리를 빼앗기는 것이라고 생각하는 사회, 즉 분열의 사회는 양측 모두를 불행하게 만들 뿐이다.

왜 분열의 사회가 되어가는 걸까. 원인은 여러 가지

겠지만 나는 우리가 타인에게 공감하는 능력을 잃어버렸기 때문이라고 생각한다. 아니 어쩌면 애초에 배운 적이 없었기 때문일지도, 그리고 배울 기회가 점점 사라지고 있기 때문일지도 모른다. 한 연구 결과에 의하면 미국 대학생들의 평균적인 공감 능력은 30년 전에 비해 40퍼센트 가까이 감소했다고 한다.[20]

| / |

긴스버그 대법관은 법정에서 '미국에 성차별이란 존재하지 않는다'고 생각하던 남성 판사들을 설득하고자 할 때, 이렇게 말했다.

"당신의 딸, 그리고 당신의 손녀딸이 살았으면 하는 사회를 생각해보라."

흔히 공감 능력은 타고난 특성이라고 생각한다. 나 또한 그랬다. 하지만 정신과 의사로 수련하며 공감 또한 학습과 의지 그리고 노력에 의해 발달시킬 수 있는 영역임을 절실히 깨달았다. 처음 정신과 의사로 일하기 시작한 6년 전에 비해, 나는 나와 완전히 다른 배경을 가진 환자에게도 더 높은 수준으로 공감할 수 있게 되었다. 이는 내가 이 능력을 타고나서가 아니라 반복해서 환자를 만나고 공감하기 위해 애쓴 노력의 결과다. 실제로 공감을 연구하는 학자들은 공감 능력이 학습 가능한 영역임을 여러 연구를 통해서 밝혔다.[21] 공감 전문가이자 임상심리학자인 윌리엄 밀러 박사는 그의 저서인 《경청하기: 공감적 이해라는 예술》에서 공감의 조건으로 다음 세 가지를 짚었다.[22]

첫째, 다른 사람의 눈으로 세상을 바라보는 것이 가치 있는 일임을 인지하는 것이다. 둘째, 내가 모든 관심의 중심이 되지 않고자 하는 의지가 있어야 한다. 공감이란 타인을 이해하기 위해 자기중심적인 세상에서 한 발자국 벗어나는 일, 즉 자신의 스위치를 잠시 꺼두는 일이다. 공감은 그렇게 타인을 향한 진심 어린 관심과 호기심에서 시작된다. 마지막으로 다른 사람에게서, 특히 나와 많이 다른 사람들일수록 더 배울 것이 많다는 점을 깨닫는 것이다. 자신과 다른 사람의 차이를 존중하고 이를 가치 있게 여기는 과정이 바로 공감이다.

공감의 기저에는 더 높은 수준의 컴패션*이 존재한다. 이는 타인을 향한 단순한 관심이나 호기심 이상의 가치이며 타인이 진심으로 잘 되기를 바라는 욕구와 헌신에서 비롯된다. 타인의 고통을 더 잘 이해할수록 그 고통을 줄이는 데 기여하고 싶을 것이다. 또 타인의 말에 더 열심히 귀 기울일수록 우리 각자가 겉으로는 달라 보이지만 실은 얼마나 비슷하고 밀접하게 연관되어 있는지 알게 될 것이다.

긴스버그 대법관이 전하고자 한 가치는 결국 잃어버

* compassion, 한국어로 '연민' 혹은 '동정심'이라 번역되지만, 단순한 동정심을 넘어 '고통을 함께 나누는 것'에 가까운 뜻이다.

린 공감을 회복하고 나아가 타인의 고통을 함께 나누자
는 것 아니었을까. 타인의 권리를 지켜주는 일이 내 권
리를 침해받는 것과 같지 않음을 말하고 싶었던 것 아
닐까. 긴스버그 대법관은 그녀의 삶을 통해 우리에게 그
명제를 받아들이고 실천할 만한 잠재력이 있음을 증명
했다. 그녀의 삶에 응답하는 길은 그리 어렵지 않다. 타
인에게 공감하기 위해 의식적으로 노력하는 것, 그것이
그녀가 남긴 유산에 답하는 유일한 길일 것이다.

3 낙인으로도
무너지지 않는 삶

전 레지던트 의사들이
좋아요

"전 수련 중인 (레지던트) 의사들을 좋아해요."
첫 외래 진료를 위해 마주 앉자마자 샐리는 천진난만한 목소리로 내게 말했다. 병원마다 조금씩 차이는 있지만 대개 레지던트 클리닉과 전문의 클리닉을 따로 운영한다. 샐리는 십 년 넘게 우리 레지던트 클리닉에서 치료받은 환자다. 그녀가 레지던트 클리닉을 선호하는 이유는 레지던트들이 자신의 이야기를 더 잘 들어준다고 생각해서였다.

샐리는 20대 초반 처음 조현병이 발병해 40대까지, 환청과 망상으로 벨뷰 병원에 입·퇴원을 수십 번 반복했다. 그러던 그녀가 15년 전 마지막으로 퇴원한 뒤, 우리 외래 클리닉에 오면서부터는 더 이상 입원하지 않고 일상생활을 유지할 수 있었다.

그녀는 늘 아침에 일어나서 책을 읽고 동네를 한 바퀴 산책한 뒤, 히스패닉을 위한 교회로 봉사활동을 나갔다. 봉사활동은 노숙자들에게 밥을 배식하거나 저소득층 가정 아이들에게 음식을 배달하는 일이었다. 오후에는 정신과 환자를 위한 재활 센터에 가서 친구들을 만난 뒤 근처 커피숍에서 파트타임으로 일했다. 샐리에게는 몇 년 간 만나온 샘이라는 남자 친구가 있었는데, 그 역시 조현병을 앓았다. 둘은 알콩달콩 행복한 연애를 했고 샐리는 샘을 '영혼의 동반자'라고 칭했다. 저녁에는 샘과

산책하며 시간을 보내는 일이 그녀의 하루 루틴이었다.

샐리는 2년 간 한 번도 진료 예약에 늦거나 빠진 적이 없었다. 그녀는 나와 만나는 시간 내내 본인의 일상을 하나부터 열까지 세세하게 설명해주곤 했다. 앞서 설명했듯 비슷한 하루하루였지만, 이야기를 들려주는 그녀의 목소리에는 늘 생기가 넘쳤고 듣는 나도 덩달아 기분이 좋아졌다.

그녀는 다른 항정신병약물에 비해 의학적으로 더 철저한 모니터링이 필요한 약을 먹고 있었기 때문에 매달 부담스런 혈액 검사를 해야 했다. 그럼에도 진료실을 나서는 샐리의 뒷모습이 언제나 너무나 행복해보여서, 그녀가 떠난 후 진료실에는 한동안 따뜻한 기운이 가득했다. 나는 그녀야말로 중증의 만성 조현병 환자도 자기 일상을 잘 꾸려갈 수 있음을 보여주는 모범 사례라 여겼다.

| / |

그렇게 늘 해맑은 것만 같은 그녀도 화가 나서 진료실을 찾을 때가 있었는데, 대개는 낯선 사람에게 부당한 일을 당했다며 씩씩거렸다. 조현병과 함께 30년이 넘는 시간 동안 살아온 그녀의 몸에는 병을 짐작할 만한 흔적이 많이 남아 있다.

우선 만성 조현병 환자들에게서 흔히 볼 수 있는 지연성 운동장애˚가 있었다. 현란한 복장과 다소 부족한 위생 상태, 군데군데 빠져 있는 치아들도 그녀가 중증 정신 질환을 앓고 있음을 간접적으로 암시했다. 그런 그녀에게 사람들은 직접적으로든 간접적으로든 무례하게 굴거나 혐오감을 드러내곤 했다.

˚　tardive dyskinesia, 항정신병약물을 장기간 복용했을 때 나타날 수 있는 부작용 중 하나로 의지와 상관없이 혀나 입술을 반복적으로 쩝쩝거리듯 움직이는 증상을 보임.

　편견 어린 시선과 사회적 낙인을 반복적으로 경험하는 중증 정신 질환자는 때로 그 낙인을 체화하는데 이를 내재화한 낙인(internalized stigma) 혹은 자기 낙인(self-stigma)이라 부른다. 정신 질환자를 향한 대중의 편견(가령 '정신과 환자들은 위험하다')을 자기 자신도 모르는 사이에 믿게 되는 것이다.

　하지만 샐리는 전혀 그러지 않았다. 그녀는 정신 질환을 이유로 자신을 무시하는 사람들의 공격에 움츠러들지 않았다. 입·퇴원 경험이나 진단명을 부끄러워하지 않았고 오히려 사람들에게 당당히 공개했다. 무엇보다 스스로를 사랑했다. 그리고 자신을 무시하고 혐오하던 사회를 위해 봉사함으로써 혐오가 자기 삶을 무너뜨릴 수 없음을 증명해냈다. 나는 그런 그녀가 너무 멋졌다.

| / |

　2년이 흘러 레지던트 졸업을 앞둔 어느 날, 내 환자들을 다른 정신과 의사에게 인계해야 하는 때가 왔다. 환자의 선호도와 중증도에 따라 후임 레지던트에게 의뢰할지 아니면 전문의에게 보내야 할지를 결정했다. 샐리의 답은 예상할 수 있었으나 그래도 다시 한 번 물어보았다. 그녀는 우리가 처음 만난 날처럼 해맑게 웃으며 말했다.

　"저는 레지던트 의사들이 좋아요."

　레지던트를 선호하는 환자는 비단 샐리만은 아니었다. 보훈병원이나 뉴욕대학교 병원에서도 레지던트를 선호한다고 말하는 환자를 자주 만났다. 샐리와 마찬가지로 자기 이야기를 더 오래 경청해준다는 이유에서였다. 구조적으로 레지던트들은 아무래도 전문의에 비해 환자들을 적게 보기 때문에 한 환자에게 상대적으로 조금 더 시간과 노력을 쏟을 수 있다.

샐리와 처음 만난 지 2년이 지나 졸업을 앞둔 시점에 문득 부끄러워졌다. 그동안 나는 그녀의 말을 정성껏 귀 기울여 들어주었는가. 그녀와 처음 만난 날, 내게 응원 의 말처럼 참신하게 다가왔던 그 말은 이제 나의 양심을 찌르는 송곳이 되었다.

미국으로 건너오기 전에 한 중년 가수의 소극장 공연 을 관람한 적이 있다. 당장 서울의 널찍한 실내 체육관 하나를 대관해서 며칠간 공연을 해도 충분히 매진될 만 한 가수였는데, 대학로의 소극장에서 백여 명 남짓한 관 객과 호흡하고 땀 흘리며 정말로 기뻐하던 그 모습이 무 척 가슴에 와닿았다. 나도 저렇게 늙으면 바랄 게 없겠 다고 생각했다. 전문의가 되어서도, 중년이 되어서도, 그 저 하루하루 환자들의 말을 경청하고 그들에게 정성을 기울이는 정신과 의사로 살아갈 수 있다면 좋겠다고.

"저는 레지던트 의사들이 좋아요."

샐리는 나를 흔들어 깨우듯 또다시 이렇게 말했다. 그녀의 천진한 목소리는 나에게 초심을 잃지 말라는 경고처럼 들렸다.

"2년간 고마웠어요. 제겐 당신과 함께한 시간이 행운이었어요."

나는 진심을 담아 대답했다.

조울증은
나의 일부일 뿐

　　30대 후반의 제니퍼가 외래에 올 때면 늘 진
료실이 가득 찼다. 여섯 아이의 엄마였던 그녀는 늘 두
살과 네 살이 된 아이를, 때로는 다섯 살짜리 아이도 함
께 데려오곤 했다. 10대 때부터 우울증을 반복적으로 경
험했던 그녀는 나를 만나기 직전에 처음으로 조증 삽화[•]
를 경험했다.

어느 날 밤 제니퍼는 급작스레 생각이 마치 '빨리 감기'처럼 돌아간다고 느꼈다. 그 후 일주일 내내 거의 잠도 자지 않고 터보 모터를 단 것처럼 쉴 새 없이 집안일을 했다. 말도 속사포처럼 빨라졌다. 급기야 자살 생각을 내비치는 그녀를 보고 상황의 심각성을 알아챈 남편이 집 근처 정신과 응급실로 데려갔다. 2주간 정신과 병동에 입원해 약물 치료를 받자 그녀의 조증 증상은 완화됐다. 그리고 퇴원과 함께 우리 클리닉으로 오게 되었다.

만성 우울증이라는 진단명이 조울증(혹은 양극성장애)으로 바뀌었지만 그녀가 느끼기엔 달라진 게 없었다. 굳이 달라진 점이라면 이제는 우울증 약 대신 조울증 약을 복용한다는 사실 정도였다. 하지만 그녀를 둘러싼 시선은 그렇지 않았다. 그녀와 자주 싸우던 남편은 이제는

◆　기분이 비정상적으로 좋아지고, 과대하거나 과민한 기분이 지속되며, 수면 욕구가 줄어들고, 말이 많아지는 등의 증후가 일주일 이상 지속되는 조울증의 증상.

더 이상 견딜 수 없다며 자기 어머니 집으로 거처를 옮겼다. 사실상 그녀를 떠난 셈이었다. 그녀는 하루아침에 싱글맘이 되었고 성인이 된 큰 딸이 조금 도와주기는 했으나 여전히 홀로 아이들을 돌봐야 했다. 그녀가 전해주는 집안 풍경은 혼돈 그 자체였다. 혼자 힘으로 어린 아이 다섯을 키우는 삶은 나로서는 상상조차 하기 힘들었다. 그녀는 자주 예약 시간에 늦었고, 때로는 진료를 취소하기도 했다.

하루는 진료실에서 제니퍼가 흐느껴 울기 시작했다.

"선생님, 저 조울증 환자가 된 이후로 인생이 완전히 바뀐 것 같아요. 원래는 가끔 우울증을 앓는 사람이라고만 생각했는데, 이제 저는 빼도 박도 못하는 '양극성'인 거잖아요."

나는 그녀에게 조울증은 당뇨병이나 고혈압처럼 약을 꾸준히 먹으면 충분히 조절할 수 있는 만성질환의 하나라고 설명했다. 그리고 진단명은 그녀의 일부일 뿐

'조울증이 당신을 규정하지는 않는다'고 덧붙였다. 그녀
는 말없이 계속 울기만 했다.

| / |

그러던 어느 날이었다. 제니퍼는 여느 때와 다름없이
진료에 5분 정도 늦게 도착해서는 한동안 아무 말이 없
었다. 오랜 침묵 끝에 그녀가 입을 열었다.

"선생님, 저 임신 4개월이래요."

나는 순간 당황했고, 진료실에는 정적이 맴돌았다.
남편이 거의 집에 들어오지 않는 상황이었기에 그녀가
또다시 아이를 임신하리라고는 미처 생각하지 못한 터
였다. 그나마 임신이 가능한 나이임을 감안해 태아에게
안전한 약을 처방해온 것이 다행이라고 생각했다.

임신 중에는 약물을 무조건 끊어야 한다고 오해하는
경우가 흔하다. 그러나 반드시 그런 것만은 아니다. 전

공을 불문하고 약을 처방할 때 의사는 환자가 얻을 혜택과 위험성을 비교해 결정을 내린다. 즉 약으로 얻을 혜택(치료나 증상 완화 등 긍정적 효과)이 위험성(부작용 같은 부정적 효과)보다 클 때 약을 처방한다.

물론 임신부가 정신과적 문제로 방문했을 때는 상황이 조금 더 복잡해진다. 정신과 약이 태아에게 직접적으로 미칠 위험성과 약을 끊었을 때 환자의 악화된 정신질환이 태아에게 미칠 위험성의 크기를 비교해야 하기 때문이다.

이때 환자의 중증도, 과거 병력 등에 따라 결정이 달라진다. 증상이 심할수록, 과거 병력(약을 안 먹었을 때 재발했는지, 재발했을 때 입원이 필요했는지, 자살 생각이나 시도가 있었는지 등)이 심각할수록, 약을 끊었을 때 태아에게 부정적 영향을 미칠 가능성이 높아진다.

레지던트 3년 차 때 당직을 서던 당시, 중환자실에서 정신과 병동으로 전원된 환자가 있었다. 환자는 조울

증 병력이 있었고 임신 중이었는데 당시 외래 정신과 의
사가 임신 사실을 듣고는 평소 먹던 약을 급작스레 중단
시킨 뒤 그만 증상이 악화되고 말았다. 결국 환청과 망
상을 동반한 조증 삽화 기간 중 자살을 시도하여 중환자
실에 입원했던 것이다. 그 환자는 자칫 태아를 잃을 뻔
했다.

　제니퍼도 비슷한 상황이 벌어질 수 있었다. 그녀의
첫 조증 삽화는 2주간 강제 입원을 해야 할 정도로 심각
했다. 따라서 지도교수님과 나는 고민 끝에 약이 태아에
게 미칠 위험성보다 약을 끊어 조증 삽화가 재발할 경
우의 위험성이 더 크다고 결론 내렸다. 하지만 제니퍼는
임신 사실을 알게 된 지 얼마 지나지 않아 외래 진료에
오지 않았고 우리가 우려했던 대로 곧 두 번째 조증 삽
화를 경험했다. 결국 제니퍼는 또다시 정신 병동에 2주
간 입원했다.

| / |

퇴원 후 제니퍼는 다시 우리 클리닉을 찾았다. 그동안 그녀에게 무슨 일이 있었는지 물었다. 제니퍼는 너무 불안해서 의료진에게 알리지 않고 스스로 약을 몇 번 중단했다가 조증 삽화와 동반된 환청이 시작되었다고 했다. 목소리는 그녀에게 태아를 해하라 명령했고 겁에 질린 그녀는 제 발로 병원 응급실을 찾아갔다.

우리의 예상과 달리, 그녀가 약을 끊은 이유는 약이 태아에게 악영향을 미칠까 봐 염려해서가 아니었다. 남편이 다툴 때마다 '정신병원에 가두겠다', '양육권을 빼앗겠다'며 그녀를 협박했는데, 그녀는 자신이 정신과 치료를 받은 전력과 정신과 약물을 복용하고 있다는 사실이 혹여나 양육권 분쟁에서 불리하게 작용할까 봐 걱정한 것이었다. 그녀를 담당하던 사회복지사와 나는 한목소리로 정신 병력이 그녀에게 불리하게 작용하지 않을 것이며, 오히려 의사가 처방하는 정신과 약물을 성실하게 복용할 경우 유리할 수 있다고 설명해줬다. 그 후로 제니퍼는 다시 꼬박꼬박 외래 진료를 받으러 왔고 임신 기간 동안 정신과 약도 잘 챙겨 먹었다.

몇 달 후 제니퍼가 갓난아이를 데리고 진료실을 찾았다. 물론 다른 세 아이들도 함께였다. 그녀는 아기가 밤에 잠을 깨지 않고 너무나 잘 잔다며, 그리고 큰 딸이 엄마처럼 동생을 잘 돌봐 준다며 활짝 웃었다. 그 시절, 하루가 다르게 커가는 그녀의 아이들을 만나는 일은 내게 또 다른 행복이었다. 하지만 그 행복은 그리 오래 가지 못했다. 코로나 바이러스가 뉴욕을 뒤덮는 바람에 그녀와 마지막 3개월간은 대면 진료 대신 일주일에 한 번 진행하는 전화 상담으로 대체됐다. 모든 사람이 두려워하던 역병 앞에서도 그녀는 아이들과 함께 씩씩하게 하루하루를 잘 견뎌 나가고 있었다.

마지막 진료 날, 수화기 건너편의 그녀는 참 많이도

울었다. 통화 말미에 그녀가 한 말이 아직도 생생하다.

"정신 병동에 강제 입원 된 후 조울증을 진단받고 모든 게 달라졌다고 생각했어요. 남편은 절 미친 사람 취급했고, 결국 떠났죠. 그래도 선생님과 사회복지사님만은 저를 있는 그대로 봐주었어요. 조울증이 저의 일부일 뿐 저라는 사람을 규정하지 않는다는 말씀, 감사해요. 아마 평생 잊지 못할 거예요."

괜찮지 않아도
괜찮아

벨뷰 병원의 정신과 응급실에 젊은 중국계 환자가 가족의 손에 이끌려 왔다. 한눈에 봐도 중증의 조현병 환자임을 알 수 있었다. 환자는 며칠 혹은 몇 주 동안 씻지 않은 것처럼 고약한 냄새를 풍겼고 연신 혼잣말을 했다. 또 가끔씩 우리 눈에는 보이지 않는 무엇인가를 보고 있는 것처럼 손을 휘저었다. 중국어 통역사를

대동했지만 환자와는 도무지 인터뷰를 진행할 수 없었
다. 환자 부모님과도 대화를 해보았으나 그 마저도 무언
가 석연치 않았다. 대화는 겉돌았고 부모님은 질문에 애
매모호하거나 두루뭉술한 대답만 들려줄 뿐이었다.

   답답한 나머지 환자의 형과 통화를 한 끝에 환자가
이미 몇 년간 환청과 망상을 비롯한 조현병 증상을 겪었
음을 알 수 있었다. 증상이 시작된 이후 수년간 부모님
은 환자를 거의 집밖으로 나가지 못하게 하는 동시에 극
진하게 병 수발을 들었다고 했다. 하지만 증상은 점점
악화됐다. 보다 못한 환자의 형과 누나가 부모님께 동
생을 정신과에 데려가자고 간곡히 부탁했지만 부모님
은 끝내 반대했다. 그러던 어느 날 환자가 방문을 걸어
잠근 채 소리를 지르며 자해를 시작했고, 부모님은 결국
구급차를 불렀다. 구급대원이 문을 부수고 방 안에 들어
갔을 때 방은 마치 쓰레기장 같았다.

   "나는 아시아계 환자가 가족 손에 이끌려 정신과 응

급실로 오면 무조건 병동에 입원시키고 봐. 왜냐하면 그
들은 대개 버틸 만큼 버티다가 감당하기 어려울 정도로
증상이 악화되어서야 병원에 오거든."

한 중년 교수님이 내게 말했다. 듣기에 따라 논란의
여지가 있는 발언이지만 그 말이 딱히 기분 나쁘진 않았
다. 특정 인종을 향한 편견에 기반한 것이라기보다는 수
많은 환자를 진료한 경험에서 우러나온 말이었기 때문
이다.

실제로 미국에서 아시아계 미국인이 정신 건강 서비
스를 기피하는 성향이 높다는 것은 여러 연구를 통해 잘
알려져 있다. 한 통계에 따르면, 미국인의 약 18퍼센트
가 정신 건강 서비스를 이용하는 반면 아시아계 미국인
의 정신 건강 서비스 이용률은 그 절반에도 미치지 않는
8.6퍼센트다.[23] 정신과 진료를 꺼리는 데는 언어나 문화
적인 장벽도 분명히 영향을 미치지만 무엇보다 정신 질
환과 정신과 치료를 향한 뿌리 깊은 낙인과 편견이 가장

큰 원인이다. 섣불리 일반화할 수는 없지만, 아시아 문
화권에서는 대체로 자신의 감정이나 정신 건강에 관한
이야기를 솔직하게 꺼내는 것을 터부시한다. 특히 정신
과 약물을 거부하는 경향은 극심하다. 이는 한국도 마찬
가지다. 한국의 우울증 유병률은 코로나 시대에 36.8퍼
센트까지 뛰었지만, 항우울제 처방률은 OECD 국가 중
최하위 수준이다.[24] 이는 문화적·제도적 요인 때문이기
도 하지만, 정신 질환과 정신과 치료를 향한 낙인이 가
장 근본적이고 직접적인 원인이다.[25]

| / |

물론 정신 질환을 향한 낙인은 아시아계만의 문제는
아니다. 인종을 불문하고 다수의 미국인에게도 편견은
존재한다. 미국정신의학회에 따르면, 정신 질환을 가진
미국인의 절반 이상이 적절한 치료를 받지 않는다고 하

는데, 정신 질환과 정신과 치료를 향한 편견, 낙인 그리
고 실제적인 차별 등이 가장 큰 원인으로 꼽힌다.

　낙인은 크게 세 가지로 나뉜다. 첫 번째는 '사회적 낙
인'으로 정신 질환을 바라보는 사람들의 부정적이고 차
별적인 시선을 의미한다. 두 번째는 앞서 설명했던 '자
기 낙인' 혹은 '내재화한 낙인'으로 대중의 편견, 차별을
반복적으로 경험한 개인이 자신이 앓는 질환에 수치심
을 느끼는 등 부정적인 태도를 스스로 체화하는 것을 일
컫는다. 마지막으로 '제도적 낙인'이 있다. 이는 기업이
나 정부 같은 대규모 조직에서 일어나는 정책적 차별을
의미한다. 예를 들면, 신입사원 선발 과정에서 정신 질
환을 앓는 사람에게 불이익을 주거나 정신 건강 서비스
에 적은 예산을 편성하는 것 등이 이에 해당한다.

　정신 질환을 향한 낙인의 가장 큰 문제는 환자나 환
자 가족이 정신과 치료를 미루거나 받지 않도록 하는 데
있다. 이로 인해 환자는 적절한 치료 시기를 놓친다. 여

느 의학적 질환과 마찬가지로 정신 질환 또한 조기에 치료를 받을 경우 효과와 예후가 더 좋다. 반대로 말하면, 정신 질환이 발병한 후 치료받지 못한 기간이 길어질수록 약물에 반응하는 속도도 더디고 단기적·장기적으로 예후가 좋지 않다.[26] 이는 많은 정신과 의사들과 정신 건강 서비스 종사자들이 정신 질환과 치료를 향한 낙인을 해소하려 노력하는 이유 중 하나다.

한 가지 희망적인 면은 내가 미국에 처음 왔던 7년 전에 비해 정신 질환을 바라보는 사람들의 시선과 태도가 점점 변하고 있다는 점이다. 사람들은 자신이 느끼는 불편한 감정과 힘들었던 경험을 음지에서 양지로 끌어올려 공개적으로 이야기하기 시작했다. 이러한 움직임을 처음 일으킨 장본인은 정신 질환을 가진 환자와 그들의 가족으로 구성된 시민단체였다. 이후 정신 질환을 경험했거나 여전히 앓고 있는 연예인과 운동선수 등 유명 인사들이 이에 동참했고 파급효과는 예상보다 컸다.

| / |

맨해튼 거리를 걷다 보면, 올림픽 23관왕에 빛나는 수영 선수 마이클 펠프스의 얼굴을 여기저기서 볼 수 있다. 펠프스하면 올림픽에서 금메달을 결정짓는 역영을 마친 후 포효하는 모습이 가장 먼저 떠오를 것이다. 하지만 맨해튼 옥외광고물에서 그는 수염이 덥수룩한 얼굴에 타이 없는 정장을 입고 "심리 치료는 제 인생을 바꿨어요. 당신에게도 도움이 될 수 있어요"라고 말한다. 펠프스는 자신의 정신 질환(우울증, 불안, 자살 생각)을 공개적으로 밝힌 대표적인 유명인사다. 우울증이 너무 심했을 때 그는 방문을 걸어 잠그고 식음을 전폐한 채 며칠 동안 방 밖으로 나오지 않았다. 그의 머릿속에는 한 가지 생각만 가득했다.

'더 이상 세상에 존재하고 싶지 않다.'

자살 생각이 심해지자 그는 스스로 정신 병동에 입원

했다. 한없이 침전하는 것만 같았던 그에게 입원은 삶의 전환점이 되었다. 그는 심리 상담과 정신과 치료를 통해 처음으로 자신의 마음을 터놓았고, 다행히 가장 힘들었던 시간들을 견뎌낼 수 있었다.

그 이후 펠프스는 여러 강연, 인터뷰, 토크쇼 등에서 자신의 우울증을 고백했다. 그는 수영 선수로 메달을 획득하는 일보다 우울증을 털어놓음으로써 다른 사람에게 도움을 준 일이 더 값지다고 당당히 말한다. 강철 같던 그가 초췌한 얼굴로 덤덤하게 우울증을 고백하는 모습을 보았을 때 나는 신기하게도 올림픽에서 세계신기록을 세운 후 포효하던 장면이 겹쳐지는 걸 느꼈다. 정신 질환을 고백하는 일에는, 누구보다 빠른 속도로 물속을 가르던 챔피언의 정신력에 버금가는 용기가 필요하지 않았을까. 2018년 시카고에서 열린 케네디 포럼에서 펠프스는 이렇게 말했다.

"저는 이제 알아요, '괜찮지 않아도 괜찮다'는 걸요.

물론 낙인은 여전히 존재해요. 그래서 자살률이 올라가
는 거예요. 정신 질환을 이야기하고 고백하는 걸 두려워
해서요. 그러나 적어도 이제는 사람들이 조금씩 정신 질
환의 존재를 인정하고, 그 이야기를 입 밖에 꺼내기 시
작했어요."

그리고는 덧붙였다.

"그때 제가 스스로 목숨을 끊지 않아서 얼마나 다행
인지 몰라요."

중독은
의지의 문제일까

"전 중독환자를 보면 너무 화가 나요. 결국 '의지' 문제 아닌가요?"

정신과 레지던트 일 년 차 시절, 병동에서 실습을 돌던 정신과 지망 의대생이 무심코 던진 말이다. 이 얘길 듣는 순간 나는 예전에 40대 여성 환자와 진행했던 면담이 떠올랐다.

청소년기부터 십수 년간 코카인 중독을 앓다가 목숨
을 잃을 뻔한 후 그녀는 새로운 출발을 결심하며 뉴욕을
떠났다. 새로 정착한 곳에서 코카인을 끊기 위해 그녀가
기울였던 노력은 눈물겨울 정도였다. 자신과 마찬가지
로 약물에 중독되었던 약혼자와 파혼하고, 대부분 약물
을 사용하던 어린 시절 친구들과도 모두 의절했다. 약물
을 끊겠다는 일념 하나로, 태어나 평생을 살아온 뉴욕을
떠나 아는 사람 하나 없는 낯선 도시에서 완전히 밑바닥
부터 다시 출발해야만 했다. 중독 치료 프로그램에도 참
가했다. 몇 년 뒤, 사랑하는 남자를 만나 가정을 꾸렸고
삶은 점점 안정되는 듯 보였다. 그렇게 십 년간 노력 끝
에 코카인을 끊는 데 성공한 그녀를 나이 든 어머니가
애타게 불렀다. 교통사고를 당했으니 와서 병간호를 해
달라는 이유였다. 십년 만에 뉴욕으로 돌아온 그녀는 바
로 다음 날, 예전에 코카인에 중독되었을 당시 거닐던
골목에 들어서자 코카인 생각이 간절해졌다. 필사의 노

력으로 새로운 인생을 살아온 십 년의 세월이 무색할 정
도로 그녀는 너무나 허망하게 코카인에 다시 손을 댔다.

이 환자 사례는 내 뇌리에 아직도 생생하게 남아 있
다. 중독은 그만큼 무섭고 만성적인 정신 질환이다. 나
는 환자들에게 중독을 당뇨병이나 고혈압과 같은 만성
질환에 비유한다. 만성질환처럼 평생에 걸쳐 제대로 치
료를 받으면 일상생활에 지장 없이 잘 살아갈 수 있지
만, 치료를 받지 않는 순간 언제든 다시 찾아올 수 있기
때문이다.

| / |

다른 정신 질환과 마찬가지로 중독 치료에서도 가장
큰 장벽은 중독과 중독환자를 향한 사회적 낙인이다. 다
른 정신 질환의 경우, 뇌의 생물학적 기전이 영향을 미
친다는 사실이 점점 알려지고 또 수많은 정신과 환자와

가족, 전문가 들의 노력으로 낙인이 조금이나마 줄어든 반면, 중독에 관해서만은 여전히 '의지의 문제' 혹은 '도덕성의 문제'로 보는 사람이 많다. 심지어 정신과 의사들 사이에서도 약물중독 환자에 대한 낙인이 존재한다. 하지만 역설적이게도 중독만큼 뇌의 기전이 잘 밝혀진 정신 질환은 드물다.

중독 정신과 펠로우 오리엔테이션에 참가하면 가장 먼저 숨 참기 연습을 한다.

"숨을 최대한 참아보세요. 10초, 20초, 30초….”

숨을 참을 수 있는 만큼 참아본 후, 참는 동안 어떤 생각을 했는지를 물으면 다양한 대답이 쏟아진다.

"이러다 죽겠다 생각했어요.”

"숨을 쉬고 싶다는 생각뿐이었어요.”

"산소, 산소가 필요해요.”

숨을 끝까지 참을 때 느끼는 기분은 중독환자가 약물 금단 현상을 겪을 때 느끼는 감정과 유사하다. 우리가 머릿속에서 외쳤던 '산소'가 중독환자들에겐 '약물'이라고 생각하면 된다. 흔히 마약을 '뽕'이라는 은어로 부르는데, 이는 아마 '취함' 혹은 '기분 좋은 느낌' 정도의 의미일 것이다. 그러나 숨을 참았다가 산소를 다시 얻었을 때 누구도 산소에 '취한다'고는 생각하지 않는다. 오히려 지독하게 힘들던 시간을 벗어나 겨우 '정상에 가깝게 돌아갔다'고 느낄 것이다. 물질에 중독된 환자도 '뽕에 취하기' 위해 약물을 사용하는 것이 아니다. 약물에 중독된 뇌와 몸은 약물이 없으면 지독한 고통에 사로잡힌다. 그래서 중독환자는 흔한 편견과는 달리 '기분을 고양시키기 위해서'가 아니라 '고통스러운 상태에서 벗어나기 위해' 약물을 사용한다.

중독환자는 반복된 약물 사용으로 사랑하는 사람을 자주 실망시킨다. 아이와 손가락을 걸고 맹세한 굳은 약속을 지키지 못하고 다시 약물에 손을 대며, 가장 사랑하는 손녀의 신신당부에도 또 술을 입에 댄다. 도무지

이해할 수 없고 화만 나게 하는, 그 행동의 배경에 사실
은 위와 같은 메커니즘이 존재한다. 그들은 지금 산소가
부족한 고통스러운 상황에 놓인 것과 마찬가지다. 그러
니 그들에게 산소가 아닌 다른 것들은 모두 뒷전으로 밀
릴 수밖에 없다.

| / |

흔히 중독환자의 뇌를 '하이재킹(hijacking)당했다'고
표현한다. 자신의 의지와는 상관없이 마치 비행기(몸)
의 조종석(뇌)을 '약물' 혹은 '술'에 점령당한 것 같은 행
동을 보이기 때문이다. 이렇게 한번 형성된 인간의 중독
회로는 매우 강력해서 '의지'만으로는 벗어나기 쉽지 않
다. 따라서 약물중독이라는 이유만으로 그 사람을 비난
하거나 평가절하하는 것은 환자 입장에서는 매우 억울
한 일이다.

중독은 정신 질환과도 밀접한 연관이 있다. 가령 정신 질환을 앓는 사람은 열 명 중 세 명꼴로 알코올중독 혹은 약물중독을 함께 앓는다.[27] 또한 정신 질환 중 가장 대표적인 우울증을 앓는 환자의 경우, 우울증이 없는 사람에 비해 중독 위험성이 두 배 이상 증가한다.[28]

혹시 지금 중독 문제를 겪고 있다면 또는 중독에 빠진 사람의 가족이나 친구, 애인이라면, 부디 중독이 '의지'의 문제가 아님을 꼭 알아주었으면 한다. 중독은 의학적 질환, 그것도 만성 질환이니 반드시 전문가의 도움을 받아야 한다.

누구도 당뇨병을 앓는 사람에게 '의지로 이겨내라'고 말하지 않는다. 중독환자를 향한 낙인은 치료의 장해물이 되고, 오히려 중독환자를 더욱 음지에 머물게 하는 데 일조한다. 실제로 우리나라의 약물중독자들은 한 해 평균 약 만 오천 명에 달하며, 갈수록 증가하는 추세다.[29] 제때 치료받지 못하고 심각해진 알코올 및 약물중독은 환자 개인과 가족만의 문제에서 그치지 않으며 범죄율 증가, 생산 인력 감소를 비롯한 여러 사회적 손실로 이어진다. 중독을 '의지의 문제'가 아닌 의학적 문제로 접근하여 치료를 권유하는 것이 환자뿐만 아니라 사회 전체를 위해서도 이득이 되는 이유다.

자살은
극단적 선택이 아니다

예전엔 미국에서 자살을 묘사하거나 설명할 때 '저지르다'라는 다소 부정적인 의미를 지닌 동사 'commit'를 사용했다. 그러다 1998년, 아들을 자살로 잃은 도리스 소머-로텐버그가 처음으로 이 단어를 사용하는 것에 문제를 제기했다. commit가 주로 범죄나 살인 같은 행동을 묘사할 때 사용하는 단어였기 때문에 자살로 생을 마감한 사람뿐만 아니라 유가족까지 부정적인 대상으로 낙인찍고 그들로 하여금 죄책감과 수치심을 유발한다는 것이 그 이유였다. 수많은 자살 유가족들이 이에 공감했고 이제는 언론도 자살에 관한 기사를 보도할 때 commit 대신 '자살로 사망했다(died by suicide)'는 표현으로 대체해 사용하는 추세다.

한국 언론은 자살 보도를 할 때 흔히 '극단적 선택'이라는 표현을 쓴다. 이제는 거의 자살과 동의어가 된 이 구절은, 일상생활에서는 잘 사용하지 않는 단어를 조합한 것이라 더 눈에 띈다. 당사자가 아닌 관찰자 입장에서는 자살로 사망한 사람이 삶과 죽음의 선택지에서 죽음을 '택한 것'처럼 보일 수 있기 때문에 그런 표현을 쓰는 것이 이해 못할 일은 아니다. 이성적으로나 논리적으로 접근하면 그가 죽지 않고 '살아야 할 이유'가 수없이 많을 테니까. 사랑하는 가족, 아끼는 친구들, 성공적인 커리어까지. 하지만 자살로 사망한 사람의 입장에서는 그렇지 않다.

선택이 아니라면 무엇일까? 왜 누군가는 자살을 시
도하는 것일까?

| / |

자살 생존자들에게 시도 당시 어떤 생각을 했는지 질
문하면, 십중팔구는 자살 생각에 너무나 강하게 사로잡
혀 있기 때문에 정상적인 사고가 불가능했다고 말한다.
마치 자살을 명령하는 환청을 들은 것 같다고 답하는 환
자도 있다. 이처럼 자살 생각에 강하게 사로잡힌 순간에
는 감당할 수 없는 절망감으로 이성적 사고가 마비되고,
우울감과 불안감이 소용돌이처럼 몰아치며, 극도의 정
서적 고통을 느낀다.[30]

그래서 역설적으로 자살을 시도했으나 결국 살아남
은 사람은 대부분 살아 있음에 안도한다.[31] 벨뷰 병원에

서 총기 자살 시도로 얼굴의 삼분의 일 이상이 손상된
환자를 진료한 적이 있다. 바로 며칠 전 스스로의 얼굴
에 총을 쏜 그에게 '살아 있는 것에 대해 어떻게 생각하
는지' 묻자 살짝 웃으며 '살아 있어서 감사하다'고 말하
던 모습을 잊을 수 없다.

　자살을 생각하거나 시도하는 사람들은 내가 무엇을
해도 삶이 나아지지 않을 것이라는 절망감과 무력감에
사로잡혀 있는 경우가 대부분이다. 그런 감정은 삶을 객
관적으로 들여다보지 못하도록 시야를 가로막는다.[30] 결
국 이 비극적인 상황에서 탈출하고 고통을 멈추는 유일
한 길은 죽음뿐이라는 생각에까지 이르게 한다. 자살을
시도하는 그 순간만은 그들에게 자살은 선택지가 아닌,
현실의 고통을 멈출 수 있는 유일한 탈출구처럼 느껴지
는 것이다.[31] 그렇다면 여기서 한번쯤은 생각해봐야 하
지 않을까.

　선택지가 없다고 느낀 사람에게 '선택'이라는 표현을

쓰는 것이 적절한가?

사람들은 흔히 자살로 세상을 떠난 사람은 이기적이라는 편견을 가지고 있다.[32] 자살을 선택으로 규정하는 것은 이러한 편견을 강화시킬 여지가 있다는 점에서 위험하다.

자살을 시도하는 사람은 이기적이라기보다 오히려 스스로가 가족이나 사랑하는 사람에게 짐이 된다고 생각하는 경향이 매우 강하다.[33] 그렇기 때문에 자신의 죽음이 사랑하는 사람에게 미칠 영향을 과소평가하고, '내가 사라지면 짐을 덜어주는 것'이라고 생각한다.[31, 33]

| / |

자살을 이기적인 선택으로 바라보는 부정적 시선이 자살 예방에 악영향을 미치는 궁극적인 이유는, 자살 고위험군으로 하여금 자살 생각이나 자살 시도를 숨기게

만든다는 데 있다. 또한 이들이 미리 적절한 치료를 받을 기회마저 박탈한다. 자살한 사람이 모두 우울증 같은 정신 질환을 앓았다고 보긴 어렵지만, 정신 질환을 앓았을 확률은 매우 높다.[34] 실제로 자살 경향성은 우울증과 조울증, 경계성 성격장애, 약물중독 환자에게서 가장 흔하게 나타나며 자살 생각은 우울증의 증상 중 하나이기도 하다.[35]

마지막으로, 자살을 선택이라고 규정하는 것은 고인은 물론 자살 유가족들까지 낙인 찍는 일이다. 실제로 자살 유가족들이 가장 듣기 싫어하는 질문이 바로 "고인이 왜 자살을 '선택'했는지 묻는 것"이라고 한다. 유가족 중에는 낙인으로 인한 수치심과 죄책감 때문에 다른 사람과 교류하기를 꺼리고 고립되는 경우도 많다. 죄책감, 수치심, 고립 그리고 애도 과정이 합쳐질 경우 극심한 정신적 통증(psychache)을 느끼게 된다. 이 정신적 통증이 때로는 너무도 강렬한 나머지 자살 생각을 호소하

는 유가족도 흔하다.[36]

자살 유가족들이 자주 하는 이야기가 있다. 다른 죽
음들과 달리, 자살만은 '죽음'이 망자의 '삶'을 압도해버
린다고. 가령 누군가가 암으로 돌아가셨다는 소식을 들
으면 우리는 그가 어떻게 죽었는지 뿐 아니라 '그가 어
떻게 살았는지'를 떠올리며 삶 전반을 기린다. 아마 대
부분의 죽음이 마찬가지일 것이다. 하지만 유독 자살로
사망할 경우 그 사람의 삶 자체보다는 죽음에 초점을 맞
춘다. 사랑하는 이를 자살로 잃은 슬픔만으로도 벅찬 유
가족들을 생각해서라도 '극단적 선택'이라는 표현은 지
양해야 한다.

아마 이 모든 이야기들이 남의 이야기처럼 느껴질지
도 모른다. 하지만 미국의 한 연구 결과에 따르면, 전체
인구의 20퍼센트에 가까운 사람이 평생에 걸쳐 주변의
누군가(가족, 친구, 지인 등)를 자살로 잃는다고 한다.[37]
자살률이 미국의 거의 두 배에 가까운 한국에서는 아마

이보다 더 흔하지 않을까.

한국은 OECD 국가 중 가장 높은 자살률을 기록하는 나라임에도 이 중대한 문제를 어떻게 해결할지 논의하기보다는 덮기 급급했다. '극단적 선택'이라는 용어도 어찌 보면 자살을 직시하지 않고 외면하거나 우회하려는 자세가 반영된 신조어일지 모른다. 이제는 자살에 관해 떳떳하게 이야기해야 한다. 자살을 '자살'이라고 말할 수 있어야 한다. 우리 사회의 반복되는 자살은 우리 정신 건강의 현주소다. 그 불편한 진실을 마주하지 않는 이상, 이 문제는 영원히 해결될 수 없을 것이다.

자살을
예방할 수 있을까

뉴욕으로 이직 후 첫 근무지는 맨해튼 보훈 병원이었다. 미국 전역에는 총 170여 개의 2·3차 의료기관과 1100여 개의 외래클리닉으로 이루어진 보훈병원이 있다. 이곳에서는 1600만 명에 달하는 전역 군인을 위한 의료 서비스를 제공한다.[38]

미국에서 전역 군인은 자살 고위험군으로 알려져 있

다. 2016년, SNS에서 하루에 팔굽혀펴기 22개를 하는 챌
린지가 화제를 모은 적이 있다. 이는 자살로 목숨을 잃는
미국 전역 군인의 수가 하루에 22명이라는 사실을 대중
에게 알리고 그들에 대한 관심을 환기하기 위한 사회 운
동이었다. 미국 전역 군인의 자살률은 10만 명당 27.5명
에 이른다.[39] 이는 2018년 미국 전체 인구 대비 평균 자
살률(10만 명당 14.2명)의 두 배에 가까운 수치다.[40] 같은
해 한국의 자살률은 10만 명 당 26.6명이었다.[41] 미국에
서 자살 고위험군으로 분류되는 집단의 자살률과 한국
전체 인구의 자살률이 거의 비슷하다는 것은, 한국의 자
살 문제가 얼마나 심각한지를 방증한다.

2017년, 미국 보훈부 장관 데이비드 셜킨 박사는 보
훈부의 최우선 과제를 자살 예방, 구체적으로는 정신 건
강 서비스의 접근성을 늘리는 것이라 선언했다.[42] 그리
고 보훈병원의 성과를 전역 군인의 자살률로 평가하겠
노라고 공언했다. 그만큼 전역 군인의 자살이 심각한 수

준이고, 높은 자살률이 정신 건강 문제에서 기인한 것임
을 인정한 셈이다.

| / |

10분.

자살을 시도하는 사람이 처음 자살 생각을 떠올린 뒤
시도하기까지 걸리는 시간이다.[43] 자살 시도자는 이 시
간 동안 마음속에 우울, 불안, 공포, 분노 등과 같은 강렬
한 감정들이 소용돌이치기 때문에 정상적인 사고가 불
가능하다.[44] 따라서 시도 단계에 이르기 전에 혹시 모를
상황에서 빠져나오기 위한 계획을 미리 세우는 것이 중
요하다. 자살 생각의 전조 증상은 저마다 다른데(가령 하
루 종일 집에만 있다든가, 우울함이 밀려온다든가 등) 그것
을 정확히 알고 이 단계에서 벗어나기 위한 구체적인 방
법을 마련해둬야 하는 것이다. 개인 차원의 대처(심호흡,

주의를 분산시킬 만한 활동 등)와 대인 관계를 활용한 대응(부모님 또는 친구에게 전화 걸기), 그리고 119나 생명의 전화 같은 응급 구조 체계에 연락하기 등 방법은 다양하다.

맨해튼 보훈병원은 미국 전역에서 자살 예방 프로그램이 가장 잘 운영되고 있는 곳이다. 덕분에 맨해튼 보훈병원 환자의 자살률은 미국 내에서 가장 낮다. 보훈병원에서는 특히 자살 고위험군으로 분류된 사람들을 집중적으로 관리한다. 정신과 병동에 입원했을 경우, 퇴원 후 4주간은 매주 한 번 이상, 그 이후에는 한 달에 한 번씩 반드시 정신과 의사, 임상심리학자 혹은 사회복지사와 만나게 한다. 90일이 지난 후엔 전문가들이 모여 환자의 상태를 논의하고 모니터링을 계속할지 결정한다.

그뿐 아니라 자살 수단에 대한 접근을 제한하는 방법(means restriction method)[45]도 병행한다. 총기를 소유한 사람에게는 총기 잠금 장치를 무상으로 제공하고 뉴욕 경찰청의 협조를 받아 엄격히 관리한다. 약물 과다 복용을 시도한 환자에게는 약을 넣어둘 약 잠금 장치를 무상으로 제공한다. 같은 이유로 목을 매 자살 시도를 한 경험이 있는 환자에게는 집에 있는 벨트나 밧줄 같은 물품을 모두 없애도록 조치한다. 물론 이들이 다시 벨트나 밧줄을 사는 것까지 막을 수는 없겠지만, 자살 행동에 이르는 과정 사이사이에 장해물이 있는 것만으로도 큰 예방 효과를 낸다.

언젠가 한국에서 자살을 예방한다며 번개탄 판매를 금지한다고 했을 때 네티즌들은 비웃었지만, 자살 수단을 차단하는 것(눈앞에서 치우는 것)은 수많은 연구를 통해 효과가 입증된 강력한 자살 예방법이다. 가령 한국에서 자살 예방 사업의 일환으로 제초제 농약 패러콰 판매를 규제하자 농촌 지역의 자살률이 현격하게 줄었다.[46] 마찬가지로 영국의 경우 가정용 도시가스를 인체에 유해하지 않은 성분으로 교체하는 정책을 시행했고,[47] 이

스라엘은 군인에게 주말에 총기를 부대에 놓고 가도록 강제했다.[48] 그 결과 양국 모두 자살률을 낮출 수 있었다. 우리에게 구의역 청년 노동자의 죽음으로 더욱 알려진 지하철 스크린 도어 또한 자살 예방을 위해 설치된 것이다.

| / |

자살 수단 접근을 제한하는 방법이 효과적인 또 다른 이유는 자살 생각에서 시도까지 이르는 시간이 10분에 불과하다는 것과 무관치 않다. 자살 생각은 지속적으로 머무르는 경우도 있지만, 대개는 밀물처럼 들어왔다가 다시 쓸려나간다(물론 다시 돌아오기도 한다). 따라서 자살 생각이 들었을 때 혹은 자살 생각에서 자살 시도로 이어지는 시간의 사이사이에 그것을 막아줄 무언가가 개입한다면, 자살로 사망할 가능성은 현저히 줄어든다.

　아프가니스탄 전쟁에서 돌아온 제임스는 맨해튼 보훈병원의 자살 고위험군 리스트에 이름을 올린 사람 중 하나였다. 그는 오랜 시간 PTSD, 우울증, 약물중독을 앓았고 심각한 자살 생각에 시달렸다. 어느 날 밤, 그는 견디기 힘들 정도의 자살 생각에 사로잡혀 총을 꺼내야겠다고 마음먹었다. 하지만 총은 잠금 장치에 놓여 있었다. 심한 자살 생각으로 정상적인 사고가 불가능하던 그는 끝내 (그리고 다행히) 잠금 장치를 열지 못했다.

　자살 생각이 조금 잦아들자 이번에는 두려움이 몰려왔다. 그렇게 그는 스스로 보훈병원 응급실에 찾아왔고 정신 병동에 입원했다. 입원은 그의 인생을 바꾸어 놓았다. 그는 의료진의 헌신적인 치료와 함께 입원해 있던 동료 환자들의 지원을 바탕으로 서서히 회복할 수 있었다. 마침내 다시 살아갈 희망을 얻은 그는 자신과 비슷한 질환으로 고통받는 사람들을 돕기 위한 동료 지원가 과정을 수료한 뒤 자격증을 취득했다. 그렇게 십 년

의 세월이 흘렀다. 지금까지 그는 정신 질환을 앓는 전

역 군인들을 도우며 건강하게 살고 있다.

·

| / |

자살 예방을 위해 전역 군인들이 정신 건강 서비스를

받도록 하는 일 또한 매우 중요하다. 하루에 자살로 사

망하는 22명의 전역 군인 중 단 7명만이 보훈병원의 정

신 건강 치료를 받는다.[39] 자살로 목숨을 잃는 전역 군

인의 70퍼센트는 제대로 된 치료를 받지 못한다는 이야

기다. 정신 건강 치료를 받는 전역 군인의 자살률이 지

속적으로 감소하는 반면, 그렇지 못한 전역 군인의 자살

률은 지속적으로 증가하는 추세다. 정신 건강 서비스로

의 접근성을 높이는 일이 자살을 예방하는 데 매우 중요

한 요소인 것이다. 자살률은 세계 최고 수준이지만 항우

울제 처방률은 최저 수준인 한국의 경우, 정신과 치료에

대한 낙인을 없애는 일이 절실한 이유가 여기에 있다.

맨해튼 보훈병원의 자살 예방 모델은 단순해보이지만 효과는 매우 강력하다. 내가 근무했던 2017년 한 해 동안 맨해튼 보훈병원에서 자살로 목숨을 잃은 환자는 단 한 명도 없었다.

누군가의 자살을 개별적으로 예측하고 정확히 포착해서 막는 일이 과연 가능할까? 그것은 불가능에 가깝다. 그러나 수만, 수십만 명을 대상으로 넓혀서 예방 사업을 추진한다면 분명 차이를 만들 수 있다. 10만 명당 30명이 자살로 사망하던 것을 20명으로 줄일 수 있다. 보훈병원에서의 경험들은 나에게 '자살률을 낮출 수 있다'는 희망의 메시지를 분명하게 던져주었다.

용기 내줘서
고맙습니다

응급실 하면 보통 생사의 기로에 서 있는 절
박한 환자들과 그들을 치료하기 위해 긴박하게 움직이
는 의료진의 모습이 떠오를 것이다. 그러나 정신과적 문
제로 응급실을 찾는 사람의 경우는 조금 다르다. 내가 근
무할 당시, 메이요 클리닉 응급실을 찾는 환자 중 정신과
진료가 필요한 사람은 10퍼센트를 상회했다. 뉴욕의 다

른 병원도 상황은 비슷하다. 그들이 호소하는 문제의 절
반 이상은 다름 아닌 '자살 생각' 또는 '자살 시도'다.

　'희미해지는 생명의 불씨를 살리고 싶어 하는 사람과
그 불을 스스로 끄려는 사람이 공존하는 곳.'

　관찰자가 본 응급실은 이런 풍경일 수도 있다. 하지
만 자살 생각으로 응급실을 찾은 환자들을 만난 뒤 나는
생각이 달라졌다. 그들은 죽고 싶어서가 아니라 살고 싶
어서 병원을 찾는다. 자살에 실패해서 병원을 찾는 것이
아니라 자살을 다시 시도하지 못하도록 막아달라는 도
움을 청하러 오는 것이다. 약물 과다 복용으로 실려 온
환자도, 스스로 손목을 칼로 그어서 온 환자도, 이렇게
말한다. "죽지 않아서 다행"이라고.

　미국에서 자살로 생을 마감 하는 사람의 절반 이상
이 첫 자살 시도에 목숨을 잃는다.[49] 이 수치는 다른 자
살 수단보다 훨씬 강력한 '총기'가 허용되는 미국의 특
성이 강하게 반영된 결과이긴 하지만, 자살 예방이란 게

과연 효과가 있을지 회의를 품게 하는 대목이다. 그러나 그럼에도 여전히 '자살 시도'와 '자살 생각'은 이후의 자살 시도 여부를 예측하게 하는 가장 중요한 요인이다.[50] 그렇기 때문에 정신과 의사가 가장 먼저 해야 하는 일은 자살 시도 경험이 있는 환자가 자살로 생을 마감하지 않도록 적극적으로 개입하는 것이다.

　정신과적 문제로 응급실에 오는 사람은 신체적 고통을 호소하는 사람에 비해 '위급'해보이지 않아 진료에서 후순위로 밀리곤 한다. 심지어 어떤 때는 응급실에서 부당한 대우를 받아 수치심을 느끼기도 한다. 이런 부정적인 경험이 누적되면 정말 긴급한 상황인데도 응급실을 찾지 않을 수 있다. 그래서 자살 사고로 병원을 찾은 환자에게 나는 늘 진심을 담아서 고마움을 전한다. 혹시 이다음에 자살 생각이 너무 심해지거나 자살 시도를 이미 행동으로 옮겨 위급할 때, 환자가 다시 병원을 찾도록 하는 데 일말의 보탬이 된다면 좋겠다는 생각에서다.

"도움이 필요할 때 도움을 청하는 일에는 정말 큰 용
기가 필요해요. 병원에 오기로 결정하신 것, 그런 용기
가 없으면 안 되는 일이에요. 정말 잘하셨어요."

내가 이 말을 건네는 근본적인 이유는 마음이 힘들
때 도움을 청하는 것이 굉장히 어려운 일이며, 실제로
엄청난 '용기'가 필요함을 알기 때문이다.

| / |

늦깎이 학생이었던 나는 의과대학 시절 지독한 우울
감에 시달린 적이 있다. 그 감정이 절정에 다다랐을 때
는 침대 밖으로 나가는 일조차 힘들었다. 하루하루가 지
옥 같았다. 내 머릿속에는 '어디론가 숨고 싶다, 사라지
고 싶다'는 생각뿐이었다. 극심한 스트레스와 우울감에
시달리던 내가 안쓰러웠는지 부모님께선 학교를 그만두
는 편이 낫지 않겠냐고 진지하게 말씀하시기도 했다. 그

렇다고 주변 사람에게 도움을 청할 용기도 없었다. 친한 친구들에게 힘들다고, 나 좀 도와달라고 털어놓고 싶다가도 말은 입 안에서만 맴돌 뿐 내뱉지 못했다. 아들을 이해하려 늘 노력하셨던 부모님과 꾸준히 대화를 나눴지만 내 우울감은 해결되지 않았다.

그토록 힘들었음에도 나는 정신과에 가지 않았다. 아니, 가지 못했다. 당시 내 안에는 '정신과에 가면 사람들이 나를 어떻게 생각할까' 하는 두려움이 있었던 것 같다. 또 '남들 다 힘든데 나만 왜 이리 엄살인가' 싶어 자책도 했다. 고백하자면, 그때 내 마음에도 정신 건강 치료를 향한 낙인이 남아 있었던 것 같다. 또 정신 질환을 '치료가 필요한 의학적 문제'라고 확신하지도 못했던 것 같다. 심리학을 공부하다가 정신과 의사가 되고 싶어 의학대학원에 진학한 터였다. 그런 내게도 정신과의 문턱은 한없이 높아만 보였다.

이제 나는 정신 질환이 여러 심리·사회적 요인 그리고

뇌 호르몬과 신경전달물질의 이상으로 생기는 의학적 질환임을 안다. 나약해서가 아니라 생물학적인 기전이 분명한 원인이 된다는 것도 안다. 그러나 나도 한때는 낙인과 편견에서 자유롭지 못했다. 정신과 의사로 여러 해 수련을 받고 환자를 만나면서야 비로소 내 안의 낙인과 편견을 조금씩 무너뜨릴 수 있었다.

그런 의미에서 나는 정신 질환을 스스로 인지하고 그것에서 벗어나기 위해 도움을 청하는 일이 얼마나 힘든 일이며, 얼마나 큰 용기가 필요한 일인지 확실히 안다. 그 과정은 내적인 강인함 없이는 불가능하다. 그래서 나는 오늘도 진료실 문을 두드리는 내 환자들에게 진심을 담아 말한다.

"용기 내줘서 고맙습니다."

맺음말   안녕, 뉴욕

벨뷰 병원에서 뉴욕의 어두운 면모들을 그토
록 자주 마주했음에도 뉴욕을 향한 나의 짝사랑은 여전
히 현재진행형이다. 빈부 격차가 극심하고, 때로는 위험
해보이는 뉴욕을 사랑하는 가장 큰 이유는 뉴욕에서 만
난 사람들, 그중에서도 뉴욕에서 만난 환자들과의 잊지
못할 기억들 때문이다.

모든 의사에게 수련 기간은 특별한 시간이다. 환자와 매주 만나 깊은 이야기를 나누는 정신과 레지던트에게는 더욱 그렇다. 그 특별한 시간을 이렇게 한 권의 책으로 남길 수 있어서 참으로 뜻깊고 감사하다. 책을 쓰는 내내 정신과 의사로서 첫사랑과도 같은 환자 분들과 만들어간 기억들을 다시 걸으며 행복감을 느꼈다.

이 책이 나오는 데 많은 분께서 도움을 주셨다. 내 글을 진심으로 아껴주시고 처음 출간을 제안해주신, 그리고 책답게 만들어주신 이은정 대표님을 비롯한 도서출판 아몬드 식구들께 감사드리고 싶다. 출간 여부를 고민할 때 동기부여해주신 이유진 선생님, 좋은 조언을 나눠주신 지나영 교수님과 김지용 선생님께 감사의 인사를 드린다. 원고를 먼저 읽고 피드백을 해주신 사랑하는 부모님과 셋째 이모, 출간 여부를 고민할 때 동기부여를 해준 인근이, 아내 그리고 제목을 함께 고민해준 진령 씨에게 감사의 마음을 전한다. 과분한 추천사를 흔쾌히

써주신 권준수 교수님과 최인철 교수님께도 감사드린
다. 마지막으로 부족한 내 글을 사랑해주신 '브런치' 독
자 분들이 아니었으면 이 책은 나올 수 없었을 것이다.

우리 가족의 미국 생활은 수많은 분들의 선의가 빚은
산물이다. 태평양을 건너 늘 아낌없는 사랑 주시는 양가
부모님과 처남, 낯선 미국 땅에 처음 발을 디뎠을 때 힘
이 되어주신 고모와 사촌 누나들과 매형들, 거인의 어깨
를 기꺼이 내주신 한국과 미국의 은사님들, 후배에게 내
리사랑 주시는 서울대 의대 동문 선배님들과 한국 의사
선배님들, 힘든 미국 생활을 버티게 해주는 보스턴·미
네소타·뉴욕·코네티컷의 친구들에게 이 글을 빌려 감
사의 인사를 전한다.

누구보다 '오르막길'의 동반자인, 뉴욕으로 나를 이
끌어 이 책을 가능하게 해준 사랑하는 아내, 그 비탈길
을 오를 힘을 주는 눈에 넣어도 아프지 않은 사랑하는
우리 딸, 무조건적 사랑과 경청을 몸소 가르쳐주신 존경

하는 부모님, 그리고 마지막으로 나에게 가장 큰 가르침을 주신 환자 분들께 고개 숙여 감사의 마음을 전한다.

오랜 치료적 관계를 마무리하는 마지막 진료 시간을 대하는 환자들의 반응은 각양각색이다. 어떤 환자는 웃음을 띤 채로 그동안 고마웠다며 악수를 건네고, 어떤 분은 마치 다음 만남이 예정된 것처럼 아무렇지 않게 인사를 한다. 드물지만 화를 내거나 눈물을 보이는 환자도 있다. 이제 5년의 생활을 끝으로 정든 뉴욕을 떠난다. 나에게 잊을 수 없는 기억과 첫 책을 안겨준 이 도시에 그동안 고마웠다며, 마치 내일 만날 것처럼 작별 인사를 건넨다.

참고문헌

머리말

1 Corrigan PW, Michaels PJ, Vega E, et al: Key ingredients to contact-based stigma change: a cross-validation. *Psychiatr Rehabil J.* 2014;37: 62-64.

2 Corrigan PW. Effect of contact-based interventions on stigma and discrimination. *Psychiatr Serv.* 2020;71: 1324-1325.

3 Thornicroft G, Mehta N, Clement S, et al: Evidence for effective

interventions to reduce mental-health-related stigma and discrimination. *Lancet.* 2016;387: 1123-1132.

4   Teplin, LA, McClelland GM, Abram KM, & Weiner DA. Crime victimization in adults with severe mental illness: comparison with the National Crime Victimization Survey. *Arch Gen Psych.* 2005;62(8): 911-921.

1장

5   The Bowery Mission. *"Homelessness is a shared experience in the New York City area."* https://www.bowery.org/home-lessness. Accessed Apr 5th, 2022.

6   Ayano G, Tesfaw G & Shumet S. The prevalence of schizo-phrenia and other psychotic disorders among homeless people: a systematic review and meta-analysis. *BMC Psychiatry.* 2019;19: 370.

7   Harvard Health Publishing. "The Homeless Mentally Ill," https://www.health.harvard.edu/newsletter_article/The_homeless_mentally_ill, Accessed Feb 17, 2022.

8   Kersting A, Brähler E, Glaesmer H, Wagner B. Prevalence of
     complicated grief in a representative population-based sample.
     J Affect Disord. 2011;131(1-3):339-43.

9   Lundorff M, Holmgren H, Zachariae R, Farver-Vestergaard I,
     O'Connor M. Prevalence of prolonged grief disorder in adult
     bereavement: A systematic review and meta-analysis. *J Affect
     Disord*. 2017;212: 138-149.

10   Heeke C, Stammel N, Heinrich M, Knaevelsrud C. Conflict-
     related trauma and bereavement: Exploring differential symp-
     tom profiles of prolonged grief and posttraumatic stress
     disorder. *BMC Psychiatry*. 2017;17: 118.

11   Shear, M. K. Grief is a form of love. In R. A. Neimeyer (Ed.),
     Techniques of grief therapy: *Assessment and intervention*. 2016:
     14-18. Routledge/Taylor & Francis Group.

12   Lippard E & Nemeroff CM. The Devastating Clinical Conse-
     quences of Child Abuse and Neglect: Increased Disease
     Vulnerability and Poor Treatment Response in Mood Disorders.
     Am J Psychiatry. 2020;177(1):20-36.

13   Merz, J., Schwarzer, G., & Gerger, H. Comparative efficacy and acceptability of pharmacological, psychotherapeutic, and combination treatments in adults with posttraumatic stress disorder: A network meta-analysis. *JAMA Psychiatry*, 2019; 76(9), 904-913. https://doi.org/10.1001/jamapsychiatry.2019. 0951.

14   Adolphs R, Tranel D, & Damasio H. Emotion recognition from faces and prosody following temporal lobectomy. *Neuropsychology*. 2001;15(3), 396-404.

15   Richard-Mornas A, Mazzietti A, Koenig O, Borg C, Convers P, Thomas-Anterion C. Emergence of hyper empathy after right amygdalohippocampectomy. *Neurocase*. 2014;20(6), 666-670.

2장

16   American Psychiatric Association. *"Transgender and gender non-conforming patients."* https://www.psychiatry.org/psychiatrists/ diversity/education/transgender-and-gender-nonconforming-patients/history-and-epidemiology.

17 이호림, 이혜민, 윤정원, 박주영, 김승섭. 한국 트랜스젠더 의료 접근성에 대한 시론. 보건사회연구. 2015;35(4): 64-94.

18 Brown B. *"Empathy vs sympathy."* https://www.youtube.com/watch?v=1Evwgu369Jw.

19 Wampold BE. How important are the common factors in psychotherapy? An update. *World Psychiatry*. 2015;14(3): 270-277.

20 Konrath SH, O'Brien EH, Hsing C. Changes in dispositional empathy in American college students over time: A meta-analysis. *Pers Soc Psychol Rev*. 2011;15(2): 180-198.

21 Teding van Berkhout, E, & Malouff, JM. The efficacy of empathy training: A meta-analysis of randomized controlled trials. *J Couns Psychol*. 2016;63(1): 32-41.

22 Miller WR. *"Listening well: The art of empathic understanding."* 2018. Wipf & Stock: OR, Eugene.

3장

23 Spencer M, Chen J, Gee G, Fabian C, Takeuchi D. Discri-

mination and Mental Health-Related Service Use in a National Study of Asian Americans. *Am J Public Health*. 2010;100(12): 2410-2417.

24 대한신경과학회. 2020년 OECD 통계.

25 Jung S-J, Lee K-E, Lee B-K, Gwak H-S. Perception and attitude towards antidepressants in Koreans. *Korean J Clin Pharm*. 2012;22(1): 65-72.

26 Correll CU, Galling B, Pawar A et al. Comparison of early intervention services vs treatment as usual for early-phase psychosis: A systematic review, meta-analysis, and meta-regression. *JAMA Psychiatry*. 2018;75: 555-565.

27 Compton WM, Thomas YF, Stinson FS, Grant BF. Prevalence, correlates, disability, and comorbidity of DSM-IV drug abuse and dependence in the United States: results from the national epidemiologic survey on alcohol and related conditions. *Arch Gen Psychiatry*. 2007;64: 566-676.

28 Hasin DS, Goodwin RD, Stinson FS et al. Epidemiology of major depressive disorder: results from the National Epide-

miologic Survey on Alcohol and Related Conditions. *Arch Gen Psychiatry*. 2005;62(10): 1097-1106.

29 건강보험심사평가원. 2019년 국정감사자료.

30 Schuck A, Calati R, Barzilay S, Bloch-Elkouby S, Galynker I. Suicide crisis syndrome: A review of supporting evidence for a new suicide-specific diagnosis. *Behav Sci Law*. 2019;37(3): 223-239.

31 Shea SC. *"The practical art of suicide assessment: A guide for mental health professionals and substance abuse counselors."* 1999. John Wiley & Sons Inc.

32 Carpiniello B, Pinna F. The reciprocal relationship between suicidality and stigma. *Front Psychiatry*. 2017;8: 35.

33 Van Orden KA, Witte TK, Cukrowicz KC et al. The interpersonal theory of suicide. *Psychol Rev*. 2010;117(2): 575-600.

34 Cavanagh J, Carson A, Sharpe M & Lawrie S. Psychological autopsy studies of suicide: A systematic review. *Psychol Med*. 2003;33(3): 395-405.

35 Nock MK, Borges G, Bromet EJ, et al. Cross-national preva-

lence and risk factors for suicidal ideation, plans and attempts. *Br J Psychiatry*. 2008;192(2): 98-105.

36 Aguirre RTP & Slater H. Suicide postvention as suicide prevention: Improvement and expansion in the United States. *Death Stud*. 2010;34(6): 529-540.

37 Andriessen K, Rahman B, Draper B, Dudley M, Mitchell PB. Prevalence of exposure to suicide: A meta-analysis of population-based studies. *J Psych Res*. 2017;88: 113-120.

38 United States Census Bureau. *"Veteran status."* https://www. statista.com/topics/1279/veterans/#:~:text=A%20military%20 veteran%20is%20a,the%20United%20States%20in%202022. Accessed Feb 12th, 2022.

39 U.S. Department of Veterans Affair Office of Mental Health and Suicide Prevention. 2020. National veteran suicide prevention annual report[Online]. Available: https://www.maine.gov/ veterans/docs/Suicide_Prevention_2020_Annual_Report.pdf. Accessed Feb 14th, 2022.

40 WISQARS-web-based injury statistics query and reporting

system. https://www.cdc.gov/injury/wisqars/index.html, 2020.
Accessed Feb 14th, 2022.

41 OECD. *"Suicide rates(indicator)."* 2021. doi: 10.1787/a82f3459-
en. Accessed August 10th 2021.

42 David Shulkin. *"Suicide prevention: My top clinical priority."*
AAMC Insights. 2017. https://www.aamc.org/news-insights/
insights/suicide-prevention-my-top-clinical-priority. Acce-
ssed Nov 3rd, 2022.

43 Deisenhammer EA, Ing CM, Strauss R et al. The duration of
the suicidal process: How much time is left for intervention
between consideration and accomplishment of a suicide
attempt? *J Clin Psychiatry*. 2009;70(1): 19-24.

44 Schuck A, Calati R, Barzilay S, Bloch-Elkouby S, Galynker I.
Suicide crisis syndrome: A review of supporting evidence for a
new suicide-specific diagnosis. *Behav Sci Law*. 2019;37(3):223-
239.

45 Yip PS, Caine E, Yousuf S et al. Means restriction for suicide
prevention. *Lancet*. 2012;379(9834): 2393-2399.

46 Cha ES, Chang SS, Gunnell D et al. Impact of paraquat regula-
tion on suicide in South Korea. *Int J Epidemiol.* 2016;45(2):
470-479.

47 Kreitman N. The coal gas story. United Kingdom suicide rates,
1960-71. *Br J Prev Soc Med.* 1976;30(2): 86-93.

48 Lubin G, Werbeloff N, Halperin D et al. Decrease in suicide
rates after a change of policy reducing access to firearms in
adolescents: A naturalistic epidemiological study. *Suicide Life
Threat Behav.* 2010;40(5): 421-424.

49 Bostwick JM, Pabbati C, Geske JR, McKean AJ. Suicide attempt
as a risk factor for completed suicide: Even more lethal than we
knew. *Am J Psychiatry.* 2016;173(11): 1094-1100.

50 Nock MK, Borges G, Bromet EJ, et al. Cross-national pre-
valence and risk factors for suicidal ideation, plans and
attempts. *Br J Psychiatry.* 2008;192(2):98-105.

뉴욕 정신과 의사의 사람 도서관

초판 1쇄 펴낸날 2022년 5월 27일
9쇄 펴낸날 2024년 8월 10일

지은이 나종호
펴낸이 이은정

제작 제이오
디자인 피포엘
조판 김경진

펴낸곳 도서출판 아몬드
출판등록 2021년 2월 23일 제 2021-000045호
주소 (우 10416) 경기도 고양시 일산동구 강송로 156
전화 031-922-2103 팩스 031-5176-0311
전자우편 almondbook@naver.com
페이스북 /almondbook2021 인스타그램 @almondbook